CRIANDO
UMA VIDA
QUE SEJA
IDEIA
minha

Nina Coelho

CRIANDO UMA VIDA QUE SEJA IDEIA *minha*

Crônicas sobre coragem, acolhimento e felicidade feminina

Copyright © 2023 de Nina Coelho
Todos os direitos desta edição reservados à Editora Labrador.

Coordenação editorial
Pamela Oliveira

Preparação de texto
Adriana Bairrada

Assistência editorial
Leticia Oliveira

Revisão
Ligia Alves

Projeto gráfico, capa e diagramação
Amanda Chagas

Dados Internacionais de Catalogação na Publicação (CIP)
Jéssica de Oliveira Molinari - CRB-8/9852

Coelho, Nina
   Criando uma vida que seja minha: crônicas sobre coragem, acolhimento e felicidade feminina / Nina Coelho. — São Paulo : Labrador, 2023.
   144 p.

ISBN 978-65-5625-344-2

1. Crônicas brasileiras I. Título

23-2262   CDD B869.3

Índice para catálogo sistemático:
1. Crônicas brasileiras

Editora Labrador
Diretor editorial: Daniel Pinsky
Rua Dr. José Elias, 520 — Alto da Lapa
05083-030 — São Paulo — SP
+55 (11) 3641-7446
contato@editoralabrador.com.br
www.editoralabrador.com.br
facebook.com/editoralabrador
instagram.com/editoralabrador

A reprodução de qualquer parte desta obra é ilegal e configura uma apropriação indevida dos direitos intelectuais e patrimoniais da autora. A editora não é responsável pelo conteúdo deste livro. A autora conhece os fatos narrados, pelos quais é responsável, assim como se responsabiliza pelos juízos emitidos.

"Às vezes não existem palavras que estimulem a coragem. Às vezes, é preciso, simplesmente, mergulhar."

Clarissa Pinkola Estés

SUMÁRIO

O despertar ——————————————— 9

Você tem medo do quê? ———————————— 15

Será que o meu auge já passou? ————————— 18

Uma homenagem a todas as minhas personalidades — 21

Criatividade é para todo mundo? ————————— 25

O que eu quero para mim? ——————————— 29

Monetização de hobbies, recheio do bolo
e mergulhos profundos ————————————— 35

Criando um plano para confiar no universo ———— 40

Aprendendo a caminhar ————————————— 44

O sequestro pela audiência ——————————— 48

Levando tudo muito a sério ——————————— 54

Abraçando a minha criança interior ——————— 59

Sucesso, burnout e o sapo na panela ——————— 63

Falta de energia, chefes malas e aulas de cerâmica — 67

Obrigações, primeiras vezes e listas
de tarefas infinitas ———————————————— 72

Tem coisas que só vêm com a idade ———————— 76

O poder dos ciclos ———————————————— 81

Quanto tempo dura o luto? ————————————— 85

E se tudo der certo? ——————————————— 89

Fracassos, ensino médio e o pior cenário possível —— 94

Blogueiras fitness, equilíbrio e o peso ideal ———— 99

Quais são os seus sonhos? ————————————— 103

Para onde foi minha ambição? ——————————— 108

Ano novo, vida nova? ——————————————— 113

Eu já sou o suficiente ——————————————— 115

Talvez eu não precise ser a melhor em tudo ———— 120

É o fim do mundo? ———————————————— 125

Acolhendo a mulher que não sou ————————— 129

O caminho de volta para casa ——————————— 134

Criando uma vida que seja ideia minha —————— 138

O DESPERTAR

Assim como tantas outras mulheres, eu passei grande parte da minha vida de olhos fechados. Fazendo, vivendo, estudando, trabalhando, sem entender muito bem o porquê de cada coisa. Sabe aquela sensação de que você está enxergando a sua vida pelo lado de fora? Pois é. Às vezes, guardo rancor de mim mesma por ter ficado assim durante tantos anos, mas, na maior parte do tempo, agradeço por já conseguir enxergar a vida com os meus próprios olhos (créditos à Isabella, minha psicóloga, que precisou ver por mim até eu conseguir enxergar sozinha).

Parte da minha ilusão era achar que precisava agradar todo mundo o tempo todo, e parte era achar que realmente estava agradando (nunca estamos). Claro, um pouco disso é coisa de adolescente, que vamos aprendendo com o amadurecimento, mas um pouco é medo: da rejeição, do abandono, da crítica. A história que nos contam é que precisamos ser incluídas a qualquer custo, senão, imagina o que pode acontecer? Ficarmos de fora, nos sentirmos excluídas, sozinhas, sem amigos, sem amor. O ideal mesmo é repetirmos padrões (familiares, sociais, culturais), seguirmos fórmulas mágicas e fazermos cursos que garantem o sucesso.

Para as mulheres, nem se fala: precisamos ser femininas, amáveis, bem-vestidas, arrumadas, cheirosas, mas também independentes, intelectuais, autênticas, bem-sucedidas. A lista não tem fim. E vamos, de olhos fechados, cumprindo cada item desse checklist. O final dessa história é óbvio, mas não custa relatar: ficamos exaustas. Vem o burnout, a ansiedade, o perfeccionismo, a autocrítica, a luta sem fim contra nós mesmas. Só que na verdade não é contra nós, é contra essa ilusão que criamos de quem achávamos que deveríamos ser.

E, finalmente, um pensamento cruza a nossa mente. E se existir outro jeito de levar a vida? E se estudarmos o que realmente gostamos, arriscarmos uma carreira que realmente desperta o nosso interesse, nos relacionarmos com quem realmente nos faz bem, enfim, levarmos uma vida que realmente seja ideia nossa? A ideia assusta. Parece proibido, estranho, errado, diferente de tudo que vivemos até ali. Para as catastrofistas como eu: e se o mundo acabar? E se todo mundo começar a me odiar?

Mas, sinceramente, qual a pior coisa que pode acontecer? Em geral, o julgamento só parte de nós mesmas. Achar que está tarde para mudar, que estamos exagerando, inventando coisas na nossa cabeça, que já está bom como está, que somos ingratas, que deveríamos enxergar a beleza no que já temos. Mas vamos além desse pensamento: e se estivermos certas? E se houver uma vida muito mais bonita só esperando o nosso despertar? E se houver habilidades, hobbies, experiências que ainda não tentamos, que têm o potencial de mudar o jeito como nos relacionamos com a vida?

E se pudermos ser muito mais realizadas em outra profissão, em outro casamento, em outro país? Não vamos exagerar na dose de romantismo — toda troca representa ganhos e perdas e precisa ser analisada com cuidado. Mas essas ideias parecem vir de um lugar muito sincero e pessoal.

E então entendemos que nos apossar das nossas vontades é a coisa mais bonita que podemos fazer por nós mesmas, seja aos trinta, quarenta, cinquenta ou sessenta anos. Afinal, ninguém mais vai (ou precisa) entender o que queremos para nossa própria vida. Uma parte dentro da gente ainda acha que, como mulheres, precisamos de permissão para cada decisão que vamos tomar. Pode ser inconsciente, mas em muitos momentos pedimos a opinião dos outros quando, na verdade, já temos uma ideia bem clara do que queremos.

O despertar, para mim, vem dessas pequenas ideias que vão surgindo aos poucos na nossa mente, como intuições. Essas ideias são as que realmente são nossas, porque não vêm do lado de fora — e esse é um jeito muito fácil de distinguir o que realmente é nosso e o que é do outro, mas que veio parar dentro de nós. Despertar é se apossar dessas intuições, é entender que viver uma vida com intenção e verdade só é possível a partir da vontade e da mudança. Afinal, não adianta querer muito e continuar vivendo no campo das ideias.

Eu sei, mudar assusta. Não estamos acostumadas a perder, a abrir mão, a arriscar, a deixar para trás, a confiar no novo. Mas o futuro tem a habilidade de reservar coisas ainda mais lindas do que o passado. É claro, o caminho é tortuoso e a romantização é inimiga da realidade. Mas acho também que ter coragem é nos apossarmos das nossas vontades e, então, construirmos um caminho para que elas sejam possíveis.

Nada acontece do dia para a noite (e costumamos subestimar o poder dos pequenos passos), mas despertar para uma vida que realmente seja ideia nossa só é possível com planejamento, coragem e olhos bem abertos. Arrisco dizer que sabemos, sim, o que queremos, mas o medo embaça a nossa visão. Afinal, é muito mais fácil acreditarmos nas nossas próprias desculpas: que não é possível, que é coisa da nossa cabeça, que é difícil demais, que não somos capazes, ou que está tarde. Um conselho: não espere até que realmente seja.

A vida de olhos fechados pode ser mais confortável, mas garanto que tirar essa venda dos nossos olhos abre possibilidades que nunca tínhamos imaginado, e prometo também que todas essas possibilidades — que no começo parecem infinitas, confusas, sem sentido — com o tempo (e com o movimento) vão ficando cada vez mais claras. Na realidade, traçar o nosso próprio caminho é muito mais fácil do que gostaríamos de admitir.

É claro, também podemos seguir de olhos fechados. Ninguém vai saber. Mas o brilho nos olhos e a energia que pulsa dentro de uma mulher que assumiu as próprias vontades é, para mim, uma das coisas mais lindas de se presenciar. Por aqui, sigo construindo um caminho mais sincero, próprio, verdadeiro. Continuo me perguntando quantas das minhas ideias realmente são minhas. Continuo mudando, querendo coisas diferentes, cheia de dúvidas, medos, inseguranças — mas que sejam as minhas dúvidas, os meus medos, as minhas inseguranças, e de mais ninguém. Isso já é grande demais.

Com amor,
Nina.

"

Eu sei, mudar assusta.
Não estamos acostumadas a perder,
a abrir mão, a arriscar, a deixar
para trás, a confiar no novo.
Mas o futuro tem a habilidade de
reservar coisas ainda mais lindas
do que o passado. É claro, o caminho
é tortuoso e a romantização é
inimiga da realidade. Mas acho
também que ter coragem é nos
apossarmos das nossas vontades e,
então, construirmos um caminho
para que elas sejam possíveis.

"

VOCÊ TEM MEDO DO QUÊ?

Sempre achei que coragem era pular de paraquedas. Achei que as pessoas corajosas eram aquelas que se jogavam de montanhas, se perdiam no deserto, navegavam em alto-mar ou voavam de asa-delta. Acontece que já tentei voar de asa-delta e foi a pior experiência da minha vida e eu achei que ia morrer e comecei a chorar quando finalmente encostei no chão. Então, não sou uma pessoa corajosa? Afinal, o que é coragem?

Eu costumava falar que era uma pessoa medrosa. Porque, no fundo, eu tenho medo de tantas coisas. Tenho medo do escuro, tenho medo de altura, tenho medo de quando o avião entra no meio da turbulência e tenho certeza de que vou morrer. Tenho medo do mar, tenho medo dos bichos escondidos no mar (ninguém fala sobre isso), tenho medo de ficar presa em elevador ou qualquer outra coisa que me prenda.

Mas, se parar para pensar, esses medos não importam. Quer dizer, se um dia eu ficar presa num elevador (espero que não), vou dar um jeito de sair de lá. Mas será que essas coisas realmente vão acontecer? E talvez uma pergunta mais importante: e se acontecerem? Esses medos vão me paralisar? Não, porque eles não impedem que eu viva a minha vida, não estão presentes no meu dia, não me fazem viver com medo. Essa é a diferença.

    Acho que não podemos *viver* com medo. Isso é muito pior. Quando vivemos com medo, as coisas da *nossa* vida nos assustam, sabe? Arriscar nos assusta, tentar algo diferente nos assusta, nos expor nos assusta, perseguir uma carreira que realmente queremos nos assusta. Então, o que é mais grave? Para mim, sem dúvida, é essa última opção. Prefiro mil vezes passar a vida sem pular de paraquedas a não arriscar perseguir os meus sonhos.

    Precisamos escolher com quais medos aceitamos conviver. Cada uma de nós tem medos completamente diferentes, claro — a vida não é uma competição de quem é mais corajoso —, mas precisamos decidir o que importa para nós. Precisamos entender, o mais cedo possível, o que nos faz dormir em paz. Se para você é ter pulado de paraquedas, ótimo. Para mim, é ter a certeza de que fiz a minha parte. De que tentei, arrisquei, fui atrás do que queria para mim. E isso já é grande demais.

    Então eu parei de me chamar de medrosa. Sinceramente, acho que tenho uma coragem imensa. Mudei de carreira depois de perceber que não me via praticando o direito, me mudei de país para tentar ir atrás dos meus sonhos, comecei a expor os meus textos para o mundo, e sigo tentando entender o que quero para mim. Eu me permito mudar sempre que preciso. Eu me permito recomeçar, errar, pausar. Isso é corajoso demais.

    A gente precisa reconhecer a nossa coragem. Ela nos movimenta, nos dá forças e constrói a nossa autoestima.

Só nós sabemos o que realmente nos exigiu coragem. Só nós sabemos quão difícil foi sair de um relacionamento que não dava mais certo, sair de um curso que não despertava nossa paixão, sair de um trabalho que não era o nosso lugar. Acho que ouvir o nosso coração é um dos atos que mais exigem coragem. Porque, geralmente, ele desafia a lógica. Desafia o senso comum. E, muitas vezes, desafia as nossas próprias convicções.

Então, afinal, o que é coragem? Para mim, coragem é dar espaço para os nossos desejos se manifestarem. É ouvir essa voz baixinha dentro da gente, que precisa de atenção para ser ouvida. É expor o nosso trabalho, mesmo quando isso parece a coisa mais difícil do mundo. É aguentar as críticas. É nos dedicarmos aos nossos sonhos, nem que seja só um tempinho à noite, depois do trabalho. É acreditar que somos capazes de tudo que quisermos.

E, no fundo, só nós sabemos o que realmente queremos. O que nos move, o que nos faz vibrar, o que nos dá orgulho. Só nós sabemos o que está escondido dentro de nós. Coragem é ouvir esse chamado. Coragem é ter medo, e fazer mesmo assim.

Com amor,
Nina.

SERÁ QUE O MEU AUGE JÁ PASSOU?

Se você está em algum lugar perto dos trinta anos, provavelmente essa pergunta paira sobre a sua cabeça — sobretudo se você teve uma rápida ascensão *millennial* logo depois da faculdade, quando entrou para o mundo corporativo por volta dos vinte e dois anos cheia de brilho nos olhos, e algum tempo depois descobriu que era tudo uma ilusão e tudo o que restou foi uma crise de burnout e menos cabelo na cabeça. A questão é que agora você se sente perdida, apesar de a sua psicóloga garantir que você está tomando decisões melhores. Cadê aquela garota de vinte e dois anos que trabalhava todos os dias até tarde e tinha uma carreira promissora?

Acontece que, quando olhamos para trás, costumamos nos lembrar só das partes boas — como aquele ex-namorado que era uma pessoa horrível, mas por algum motivo sua memória insiste em repassar aquela única vez em que ele foi uma pessoa aceitável. Inevitavelmente, começamos a acreditar que a nossa melhor fase foi quando éramos mais jovens, mais magras (!!!), com mais energia, mais inocentes e otimistas. Ah, como é difícil envelhecer como mulher num mundo de *botox* e cirurgias plásticas.

Depois que nos conhecemos melhor e finalmente descobrimos os benefícios da terapia, entendemos que a fase dos vinte anos serve justamente para descobrir o que queremos ou não da vida, então inevitavelmente começamos a repensar o que consumimos, com quem nos relacionamos, com o que trabalhamos e como decidimos usar o nosso tempo. E a consequência dessas escolhas, muitas vezes, é mais difícil do que pensamos. Nós nos sentimos sozinhas, perdidas, num limbo entre as coisas que costumávamos ser e aquelas que ainda não somos.

Enquanto isso, pessoas que nunca fizeram terapia parecem mais felizes que você (e você jura que preferia ser a pessoa que era antes de começar a terapia) e crescem na carreira que você já quis — e é aí que vem a sensação: será que meu auge já passou? Porque agora tudo que você tem são crises existenciais e dúvidas sobre o seu propósito, enquanto meninas de dezesseis anos fazem mais dinheiro que você no TikTok. Quem foi que nos prometeu sucesso, felicidade, independência e carreira sólida antes dos trinta?

De qualquer forma, apesar de nos sentirmos sem esperança, continuamos desenhando um caminho que parece fazer mais sentido, construindo nosso futuro um passo de cada vez, mesmo em dias difíceis, mesmo quando nada mais parece fazer sentido. Às vezes temos a sensação de que as coisas vão se encaixar porque nossas escolhas parecem mais verdadeiras, e às vezes nos perguntamos se alguma coisa vai dar certo em algum momento da nossa vida. Mas continuamos, e essa é a parte mais importante. *Você* continua, e essa é a parte mais importante.

Eu vejo você tentando. Vejo você indo atrás das suas conquistas, mesmo que ninguém mais acredite em você. Vejo você organizando suas finanças para dar entrada no seu primeiro apartamento com o dinheiro que suou tanto para juntar, mesmo com todos os problemas em casa e sua mãe pedindo ajuda. Vejo você estudando dia após dia para o concurso no qual tenho certeza de que você vai passar, mesmo nos dias em que você não tem ninguém do seu lado te apoiando. Vejo você construindo a sua história, o seu negócio e, finalmente, uma vida que realmente tenha sido ideia sua.

Sei que parece que muita coisa não faz sentido, mas é isso que acontece quando decidimos fazer escolhas de vida mais sinceras. Eu entendo que, muitas vezes, parece que o nosso auge se perdeu lá atrás, quando éramos capazes de seguir cegamente roteiros já escritos para nós. Mas espero que a gente entenda que o nosso auge jamais vai ser a nossa versão que vivia para agradar o outro, e sim a que construímos cuidadosamente, dia após dia, para agradar a nós mesmas.

Com amor,
Nina.

UMA HOMENAGEM A TODAS AS MINHAS PERSONALIDADES

Tem algo sobre acordar cedo no sábado de manhã que me lembra a sensação de conseguir correr um quilômetro a mais na esteira mesmo sem ninguém olhando ou comer uma sopa no jantar quando o que realmente queria eram sete pedaços de pizza. É algo tão grandioso que (quase) supera a raiva de mim mesma por não ter dormido direito depois de me sentir cansada a semana inteira, mesmo tendo prometido que tentaria dormir oito horas por dia. Aí vem: o silêncio, a calma, a luz branca de uma manhã fria pela janela e um café quente na mão. Então, tudo valeu a pena.

Essa dicotomia entre entre acordar cedo ou não no final de semana coloca minhas duas maiores personalidades em conflito: a que se sente muito jovem e quer sair para explorar a cidade e viver o presente fora da própria cabeça versus a que se sente uma senhora de setenta anos que quer ficar no conforto da própria casa assistindo a um documentário sobre a realidade cruel da pesca ilegal na Coreia do Norte (sério, é assustador). Colocando na balança duas das minhas (talvez) sete personalidades, acabo saindo semana sim, semana não, equilibrando sextas-feiras animadas com domingos de moletom e potes de sorvete com eventuais manhãs de sábado silenciosas.

No auge dos meus vinte e oito anos, pensava que teria tempo de sobra pra descobrir quem eu queria ser, em vez de me sentir pressionada a decidir um único caminho em meio a tantas possibilidades (um privilégio completamente consciente). Por isso, é inevitável me sentir culpada por ter pessoas brigando dentro de mim por quererem coisas absolutamente diferentes: escritora desapegada com tempo de sobra para criar, executiva estressada porém com salário altíssimo, participante de reality show que ficou famosa, esposa perfeita que vai na academia às três da tarde ou mãe de quatro filhos (sendo dois gêmeos).

Também me faz pensar se é possível imprimir todas as nossas vontades dentro da tela branca que chamamos de vida (como se fôssemos ter várias oportunidades de refazer nossas escolhas no futuro?) ou se em cada momento precisamos tomar decisões que inevitavelmente levam todo o rumo da nossa vida em uma única direção possível. Como se cada *trabalho-que-deixei-de-aceitar--por-ser-um-ambiente-tóxico-e-machista* fosse tirando minhas chances de encontrar uma carreira que de fato faça sentido para mim. Ou se cada fim de semana em que escolho ficar em casa em vez de sair para beber criasse rugas na minha testa, me aproximando silenciosamente da versão idosa que venho cultivando, tal qual um caminho sem volta.

Colocando na balança todas essas personalidades (e já pedindo desculpas para aquelas que esqueci), resta me perguntar como fazer para não anular uma em detrimento da outra — ou, ao menos, conseguir escolher a versão de mim que me convém a depender do dia e das tarefas que preciso realizar (e da quantidade de carisma necessário).

É possível ter preguiça de realizar qualquer mínima tarefa e ao mesmo tempo querer ser uma executiva de sucesso? É possível sonhar ser uma escritora solitária e ao mesmo tempo ter pavor de uma carreira sem regras claras delimitadas? E, finalmente, é possível se descobrir herdeira depois dos vinte e oito anos? Me conte se souber.

Só sei que, enquanto tento construir a versão de mim que (1) junte cada parte estranha, sincera e realista de cada um desses sonhos, (2) me faça sentir bem comigo mesma e (3) não abra mão de nenhuma vontade própria em detrimento da aprovação alheia, continuo sendo uma pessoa diferente a cada dia, na torcida para que ninguém me flagre e descubra que sou uma grande impostora inconsistente.

De qualquer forma, a única escolha que não me parece possível é deixar de ser qualquer uma das coisas que quero ser por medo de essa versão não caber em algum lugar. Tenho a sensação de que precisamos ter pessoas, ambientes e atividades na nossa vida que nos permitam ser quem quisermos, sem nos culpar ou desqualificar pelas nossas facetas ou mudanças de vontade, sonhos e fascínios. Afinal, somos tantas coisas ao mesmo tempo e isso não quer dizer que somos falhas, ou inconsistentes, ou indecisas — quer apenas dizer que somos humanas. E eu espero que tenhamos a coragem necessária para construir uma versão de nós que abrace toda a nossa imensidão.

Com amor,
Nina.

CRIATIVIDADE É PARA TODO MUNDO?

Sempre tive essa ideia preconcebida de que só podiam se intitular criativas as pessoas que tinham nascido com dons extraordinários para as artes, o cinema, a literatura ou o teatro. Pessoas diferenciadas e inalcançáveis, com habilidades tão obviamente geniais que nunca nem mesmo se perguntaram se poderiam ou não chamar a si mesmas de criativas. E é engraçado porque, apesar de ter nascido numa família de advogados, sempre tive uma mente altamente distraída gritando vinte e quatro horas por dia sobre coisas aleatórias, portanto nunca fui capaz de escrever uma petição inteira sem, ao mesmo tempo, escrever na minha mente um monólogo sobre como as calcinhas largas são subestimadas (e como as roupas femininas são desenhadas por cérebros masculinos, o que me irrita de uma forma que não sei explicar). Por essas e outras, sempre precisei encontrar escapes para depositar a minha — (ai, meu Deus!) — criatividade.

Quando começamos, como seres humanos, a definir quem somos? Nós nos definimos a partir das nossas próprias concepções ou as das outras pessoas? Um menino de oito anos é capaz de olhar para si mesmo no espelho e pensar: "poxa, que bacana, acho que sou um menino criativo!" e compartilhar tranquilamente essa autodescoberta com os seus amigos? Ou, se a tia dele de segundo grau disser que ele não nasceu para ser artista e deveria focar em estudar outras coisas porque o mundo lá fora é muito incerto, ele vai naturalmente absorver essa certeza inquestionável pelos vinte anos seguintes e "decidir" trabalhar com contabilidade?

O que quero dizer é que me parece muito corajoso — ousado até — acreditar na própria criatividade. Como se ela fosse uma grande competição que só deveria ser disputada, para início de conversa, por ícones do mundo da moda ou escritores renomados que nunca tiveram um livro rejeitado. Como se ela fosse um bem intangível e subjetivo que precisasse ser oferecido a você como um presente dos deuses, e não criado, sonhado ou planejado. Como se a arte, a expressão ou qualquer tipo de criação não fosse, antes de tudo, uma vontade — que precisa, sim, ser planejada, estudada, criada e concebida com cautela e tempo.

Não sei você, mas achei por muito tempo que os gênios das artes acordavam inspirados e saíam pintando quadros e escrevendo livros, até que um dia li, de um dos meus autores preferidos, que "se ele fosse esperar a musa dele aparecer todos os dias para poder trabalhar, estaria ferrado". Isso me soou tão incrível que foi quase como uma permissão para escrever mesmo nos dias em que eu estava me sentindo mal (assim como precisaria fazer com qualquer outro trabalho). Também me fez pensar: por que damos o benefício da inspiração para os artistas e não fazemos o mesmo para o pessoal da contabilidade? Você já pensou na arte que é trabalhar com uma planilha de Excel o dia inteiro sem perder a paciência? Enfim.

Hoje mesmo seria um dia em que eu não teria escrito nada se tivesse me atido somente ao pensamento de que não tem nenhuma ideia boa o suficiente na minha cabeça que mereça ser lida por outra pessoa. Mas, bom, cá estou eu, escrevendo mesmo assim. Porque, no fim do dia, eu acho que a criatividade precisa ser construída e treinada como qualquer outra atividade: aprendendo, errando, treinando, observando, assistindo a filmes, lendo livros e coletando informações de todas as fontes que possam ensinar alguma coisa. A questão é que não conseguimos dar o grande salto quântico entre a teoria e a prática, e parece que, para criarmos qualquer coisa que tenha algum valor, precisaríamos ser muito melhores do que realmente somos.

Por fim, arrisco dizer que a criatividade é muito mais sobre o que fazemos com o que achamos que sabemos do que realmente sobre o que achamos que sabemos. Assim como passei anos lendo todos os livros que encontrava pela frente e não fui capaz de mostrar uma palavra do que eu escrevia, acredito que existem mais pessoas por aí silenciosamente guardando suas lindas criações para si mesmas porque sentem que não são boas o suficiente — sob o risco de ficarem cada vez mais críticas com o que criam e menos dispostas a se expor para o mundo e, Deus me livre, falhar.

Porque criar é também, de certa forma, falhar. Assim como posso achar meio legais (mas de um jeito bem inseguro) as coisas que escrevo, o resto do mundo pode achar uma merda — e isso quer dizer que todos somos capazes de errar em paz simplesmente porque gostamos de fazer o que fazemos. Então, sim, parte do trabalho é ignorar o que as outras pessoas acham. Geralmente, quanto mais estranhas as suas criações se parecerem, maiores as chances de elas realmente terem sido ideias suas. (Quão legal é essa ideia? Li num livro outro dia.)

Escrevi tudo isso para dizer que acho, sim, que todo mundo é criativo. Afinal, todo mundo vive, observa, sente e se expressa de formas completamente diferentes. Mas acho que nem todo mundo está disposto a treinar a criatividade e levá-la a sério, porque achamos que temos coisas mais importantes para fazer (como trabalhar para pagar o aluguel, que infelizmente custa quase todo o nosso salário), o que na verdade é uma autossabotagem, porque no fundo não achamos que temos o dom divino que é preciso para criar.

Realmente acredito que, se dermos uma chance para que as nossas ideias possam fluir e encontrar um espaço para existir no mundo aqui fora, coisas lindas podem acontecer.

Com amor,
Nina.

O QUE EU QUERO PARA MIM?

Quando eu era criança, pensava que aos trinta anos já seria muito bem-sucedida, famosa, milionária, teria uma mansão na praia, um iate e um carro rosa igual ao da Barbie. Mas também fui uma criança que não quebrou um único osso do corpo nem teve acidentes enquanto brincava na grama porque ficava no quarto lendo livros sobre desenvolvimento pessoal, então acho que podemos desconfiar da minha personalidade. Ainda assim, como aprendi a me cobrar a querer todas essas coisas desde tão cedo?

Outro dia encontrei uma "autobiografia" que escrevi quando tinha uns oito anos e lá estava escrito que — pasme — eu queria ser uma grande advogada e morar numa mansão com os meus cinco filhos. É claro que grande parte das crenças que eu tinha quando criança (e até na vida adulta) era formada por ideias de outras pessoas que eu absorvi. Quer dizer, eu realmente admiro quem tem cinco filhos, mas certamente essa não foi uma ideia que surgiu do meu pequeno cérebro de oito anos.

De qualquer forma, é muito difícil encontrar em nós mesmas algo que não fomos ensinadas a querer. Desde cedo, fomos ensinadas a ser educadas, delicadas, bonitas etc. — e, veja bem, nada contra tudo isso. Mas faltou nos ensinarem a importância de brincar, nos divertir, de explorar, de descobrir, de errar. Passamos a ter tanto medo de errar que é até engraçado. É como se tivesse alguém observando cada passo em falso que damos. Porém, sem os erros também não descobrimos o que queremos, e então ficamos presas nesse exaustivo ciclo da perfeição feminina enquanto nossos sonhos morrem (ou então nem nascem).

Para mim, o desespero começou na faculdade de Direito. Percebi que estava dedicando anos de estudo e da minha preciosa juventude a uma área que eu mal sabia por que tinha escolhido (dinâmica que entendi após longos anos de terapia). Eu me lembro até hoje de comentar com uma amiga na época como eu me sentia infeliz trabalhando com Direito e ela falar "a vida adulta é isso, fazer o que não queremos". Pensei "meu Deus! Mal comecei a vida adulta e já me sinto infeliz?". Bom, vamos refletir sobre essa ideia?

Primeiro acho que sim, tem muitas coisas na vida que infelizmente precisamos fazer mesmo sem querer, como pagar imposto de renda, comer verduras, dormir oito horas por dia. Mas, e para além das obrigações, com o que ficamos? Será que realmente só somos considerados adultos maduros quando aceitamos a triste realidade de um emprego de que não gostamos? Quando só aprendemos a lutar, a sobreviver, a pagar boletos, a buscar a nossa independência, onde sobra espaço para encaixar os nossos sonhos?

Eu comecei a gostar de outras coisas no meio da faculdade. Comecei a ler sobre psicologia e comunicação, descobri que amava confeitaria e também escrever (não petições, mas textos bem pessoais que pouco espaço teriam na minha vida profissional). É claro que ignorei cada sinal que a minha intuição me deu, sempre focada no destino final: uma promissora carreira como advogada. Por volta dos vinte anos eu já me sentia completamente perdida, sem me enxergar na vida que "eu mesma tinha criado". Mas como eu poderia me sentir tão perdida e desconectada de algo que, em teoria, eu tinha "escolhido" para mim?

Foi a partir dessa reflexão que comecei a terapia (que durou seis anos a partir dali), tentando entender qual parte da minha vida realmente tinha sido ideia minha. O medo de descobrir essa resposta permeou muitas das minhas sessões, mas no final precisei admitir para mim mesma que poucas das minhas escolhas tinham partido de um lugar pessoal e verdadeiro. Até ali, eu não tinha tido coragem de assumir nenhuma das minhas paixões — fosse a psicologia, a escrita ou a comunicação. Arrisquei algumas matérias, senti que tinha vontade de aprender mais, mas não dava o tão necessário "salto de fé" entre as ideias na minha cabeça e a vida real.

No final da faculdade, decidi que precisava assumir o controle da minha vida e arrisquei ir para o mercado de trabalho procurar outras coisas, e foi no momento que parei de pensar tanto e me abri para as possibilidades que tudo começou a dar certo. Comecei a optar por coisas que faziam meus olhos brilharem. Estudei muito e aprendi mais do que em qualquer outro ano. Errei muito no meio do caminho. Reajustei a rota de novo. Tive uma crise de burnout. Voltei para a terapia (afinal, precisamos reconhecer também quando não damos conta). E finalmente, de uns tempos para cá, ficou bem mais claro para mim como identificar as coisas que realmente quero.

As coisas que eu quero me fazem abrir um sorriso. Não me dão ansiedade, nem taquicardia, nem falta de ar. As coisas que eu quero me deixam animada para levantar da cama, e não com preguiça. Elas me deixam ter o meu próprio tempo, e não me fazem sentir sempre atrasada ou em falta. Elas me ajudam a rir de mim mesma, me dão frio na barriga, me dão paz no coração. Elas me dão uma sensação de "é isso". É isso que eu quero estar fazendo. É aqui que eu quero estar. É isso que me faz feliz. Elas não me dão a sensação de que eu deveria estar fazendo algo a mais, ou algo além. Elas me fazem sentir orgulho de quem estou me tornando.

Ainda assim, isso tudo para mim é muito novo. Logo eu, que com vinte anos acreditei quando me falaram que a "vida adulta" era fazer o que não gostamos, estou me permitindo sentir, explorar, errar, aprender. Estou dando passos que nem sempre atendem às minhas próprias expectativas. Estou cheia de dúvidas, inseguranças, reflexões. Mas as minhas dúvidas têm me levado a lugares em que eu quero estar, e não a lugares que os outros querem para mim. E é isso que faz toda a diferença. Não preciso acertar cada tentativa, mas cada uma delas precisa partir de uma vontade própria. Porque, olha, as nossas vontades têm o poder de nos levar a lugares que nem sabíamos que queríamos.

E sobre as nossas vontades: tendo a acreditar que, na maioria das vezes, o que queremos de verdade não faz sentido para os outros. Sabe aquela ideia que, ao contar para alguém, causa relutância, dúvida, rejeição? Essa costuma ser a que realmente vem do coração, e não da vontade de agradar. Aquela vontade que geralmente envolve alguma troca ou sacrifício — ou até mesmo que pode parecer simples demais aos olhos dos outros. Sabe aquela intuição, aquela voz na sua cabeça, aquela ideia que parece boba? É essa que vem de dentro, da nossa criança interior, da nossa criatividade. E, geralmente, ela exige um salto de fé.

Nós adoramos nos sabotar chamando nossas ideias de bobas, de infantis, de loucas, mas quão mais gostosa poderia ser a nossa vida se nos permitíssemos ser bobas, infantis ou loucas? Esses são adjetivos que partem do medo que temos do que os outros podem pensar. E, de novo, essa é a direção oposta à que queremos tomar. Afinal, não estamos aqui para viver os nossos próprios sonhos? Nascemos para criar, para usar todo o universo que temos dentro de nós e compartilhá-lo com o mundo.

Por aqui, continuo perseguindo as coisas que pareço querer — e errando muito no meio do caminho. Nem sempre acerto nas minhas decisões, mas, quando encontro um caminho que parece se desenhar com mais naturalidade, que tem a ver comigo, que parece fazer sentido, que enche meu coração (mesmo quando ainda não sei o que fazer com isso), sigo em frente. Abro espaço para o que pode aparecer, para o que pode se criar, se tornar ou se transformar dentro de mim.

Quando ouvimos a nossa própria voz e deixamos a vida fluir — fora e dentro da gente —, as respostas parecem vir com mais naturalidade. Mas, para que as coisas aconteçam na nossa vida, precisamos dar o nosso salto de fé. E vale lembrar: o universo recompensa os corajosos.

Com amor,
Nina.

> Quando ouvimos a nossa própria voz e deixamos a vida fluir — fora e dentro da gente —, as respostas parecem vir com mais naturalidade. Mas, para que as coisas aconteçam na nossa vida, precisamos dar o nosso próprio salto de fé. E vale lembrar: o universo recompensa os corajosos.

MONETIZAÇÃO DE HOBBIES, RECHEIO DO BOLO E MERGULHOS PROFUNDOS

Como boa capricorniana, desde pequena me lembro de tentar ganhar dinheiro com todas as coisas que eu fazia. Acho que, no fundo, sempre tive muito medo de não conseguir ganhar dinheiro e não ser uma mulher independente. Cresci com a ideia de estudar muito, ralar, trabalhar, me sustentar e ter uma vida segura. Só não sei de onde tirei tanto medo de que as coisas iriam dar errado e eu precisaria me apegar a cada ideia que pudesse dar dinheiro na minha vida.

Desde criança, eu tentava vender as coisas que criava — na escola, com uns onze anos, eu escrevia um jornalzinho com dicas e ideias para as minhas amigas. Eu o distribuía no recreio, e começou a fazer tanto sucesso que comecei a cobrar (acho que, na época, cinquenta centavos cada). Sempre me lembro dessa história quando tento resgatar o começo da minha paixão pela escrita. Mas, como essa, tenho mais umas dez histórias de tudo que já tentei transformar em algo rentável.

Não quero dizer que tudo que transformamos em negócio perde a graça — pelo contrário, juntar as duas coisas, por si só, é uma arte. O que quero dizer é que, quando focamos no resultado e não no processo, nos perdemos no meio do caminho. Quando nos esquecemos de fazer as coisas de que gostamos só porque gostamos, uma parte nossa fica para trás. Principalmente porque esse pensamento acaba nos levando a fazer coisas que achamos que devemos, porque parecem ser mais rentáveis do que aquelas de que realmente gostávamos em primeiro lugar.

Em uma das minhas sessões de terapia, há uns dois anos, eu estava contando para a minha psicóloga sobre uma nova ideia de negócio que eu tinha (a ironia nisso me dá até um calafrio). E ela, cansada de me ver correndo atrás do meu próprio rabo, sugeriu uma teoria que vou levar comigo para sempre. "Nina, você está se preocupando com a cobertura do bolo. Mas qual é o seu recheio?" Juro que aquilo me fez chorar, e na hora nem entendi o porquê (uma habilidade odiosa dos psicólogos).

Olhando para trás, sempre me preocupei com a cobertura do bolo: o que os outros iam ver, o que iam pensar, o que aquilo ia gerar de resultado. Se ia dar dinheiro, se eu ia conseguir estruturar um negócio, se ia "valer a pena" (uma expressão da qual hoje tenho pavor). Porque, para mim, tudo tinha que valer a pena. Mas que pena é essa? E, infelizmente, esse era o meu motor para viver, para decidir o que fazer em seguida. Hoje vejo como isso é forte.

Faltava o recheio do meu bolo. Faltava entender — antes de querer planejar, executar, materializar — por que eu estava fazendo cada coisa, sem me preocupar com os resultados. E, pasme, não era porque eu gostava. Era porque achava que devia. Eu precisava dar dez passos para trás. Entender o que eu queria para mim antes de querer mostrar qualquer coisa para o mundo.

Foi ali que tudo começou. Eu teria que começar do zero, e estava muito mais longe do que pensava. Sempre tinha vivido pela lógica do resultado e, sem ela, me vi completamente perdida. Essa foi uma das lições mais duras da minha terapia: como descobrir o que eu realmente queria fazer quando nunca me permiti pausar, descansar de verdade, ficar em silêncio ou ouvir a mim mesma?

Então entendi que era muito difícil ficar em silêncio, me ouvir e deixar as minhas emoções e os meus pensamentos tomarem conta de mim. Era muito difícil enxergar e aceitar as minhas sombras em vez de tentar escondê-las com mais trabalho e produtividade. Mas entendi que só assim eu conseguiria abrir espaço para o que realmente pulsava dentro de mim e me conectar com o meu lado mais vulnerável e verdadeiro, que sempre teve tanta profundidade, criatividade e potência, mas com o qual sempre tive tanto medo de entrar em contato.

Percebi que fugia de mim mesma porque tinha medo de as coisas que mais amo, com as quais mais me importo, não serem boas o suficiente. Tinha medo de me expor para o mundo como eu realmente era e meu trabalho não ser aceito ou compreendido. Ou pior, tinha medo de não ter nada bom o suficiente dentro de mim. Por isso, sempre tentei focar nas coisas que pareciam fazer mais sentido, ou mais dinheiro, ou mais lógica (!!!).

Quando criamos algo a partir da nossa verdade, esse objeto é parte da gente. E, quando colocamos isso no mundo, estamos expondo à crítica um pedaço muito importante de quem somos. E dói mesmo. Acontece que esse é o único jeito: ou alcançamos o nosso recheio, ou ficaremos para sempre só com a cobertura. Essa é a troca.

Arrisco dizer que as dores de expor o que temos dentro de nós nunca serão tão grandes quanto a satisfação em saber que vivemos a nossa verdade, que nos doamos, que contribuímos com o que realmente podíamos, que não ficamos na superfície, que não nos escondemos. Ou, como diria a escritora Brené Brown, que "nos colocamos na arena da vida".

Sei que mergulhar nas nossas profundezas exige muita coragem, mas acho mesmo que os nossos maiores tesouros estão escondidos bem fundo dentro da gente, só esperando serem resgatados.

Com amor,
Nina.

> Sei que mergulhar nas nossas profundezas exige muita coragem, mas acho mesmo que os nossos maiores tesouros estão escondidos bem fundo dentro da gente, só esperando serem resgatados.

CRIANDO UM PLANO PARA CONFIAR NO UNIVERSO

Eu achei que estava ótima até ter uma crise de ansiedade no meio da sessão de salgadinhos no mercado do bairro onde moro. Não sei ao certo se foi um aviso do meu estado mental sobrecarregado ou se veio do meu corpo, que (nota mental) realmente precisa de um pouco mais de legumes e vegetais em vez de salgadinhos em formato de *pretzel*. De toda forma, fui pega de surpresa quando fiquei sem ar — e percebi que precisava dar um descanso para a minha cabeça, em vez de tentar passar todos os dias checando listas infinitas de tarefas milimetricamente planejadas (péssimo hábito que tenho desde os doze anos e que nem seis anos de terapia foram capazes de resolver).

Eu queria ser uma dessas pessoas que confiam no universo de olhos fechados, sabe? Mas, em vez disso, sou aquela que tenta controlar o curso de tudo que acontece, testando se sou capaz de mexer cada ponteiro na direção que acho que é melhor para mim. Além de ser altamente prepotente achar que sei o que é melhor para mim mesma, esqueço que a maior parte das coisas eu ainda nem conheço, então nem sei se são boas ou não. Mas cá estou eu, fazendo planos numa direção estranhamente detalhada para os próximos cinco anos.

O mais irônico de tudo isso é que, mesmo depois de tanto tempo de pandemia e tantos planos jogados fora, ainda faço questão de anotar tudo que quero fazer em cada dia no meu *planner* e tento cumprir cada tarefa, mesmo quando vários imprevistos acontecem no meio do caminho. Três litros de água? Check. Academia? Check. Tempo de leitura? Check. Quase como se fosse mais importante ser fiel ao que planejei ontem do que de fato aproveitar o que estou fazendo.

Então me peguei pensando em como as melhores coisas da minha vida não foram nada planejadas. A primeira coisa que falei para a pessoa com quem sou casada hoje foi que não acreditava em casamento. Alguns anos depois, aceitei o pedido. Hoje sou uma dessas pessoas que leem sobre as cinco linguagens do amor, ouve podcasts sobre parentalidade e pesquisa em segredo sobre como ter filhos gêmeos.

Há alguns anos, aceitei um trabalho que não tinha nada a ver comigo ou com o que eu queria para a minha vida. Eu não tinha ideia de aonde aquilo ia me levar, e foi provavelmente a decisão mais importante da minha carreira. Depois, decidi mudar de cidade e morar com um homem que eu mal conhecia (ufa, deu tudo certo e hoje somos casados). Depois decidi fazer uma mudança de país em que eu não sabia nem por onde começar.

Meu ponto é: coisas boas acontecem inesperadamente. E muito. Mas, ainda assim, sigo sendo uma pessoa planejadora. Mesmo com todas as mudanças e imprevistos que acontecem na vida, me dá uma sensação de realização quando consigo planejar e conquistar coisas. Precisa ser doze tarefas diárias? Não (mas juro que estou melhorando). Falo das metas, das conquistas e dos sonhos que nos fazem pelo menos apontar para alguma direção na nossa vida (para quem não sabe o que quer, qualquer caminho serve, né?).

Precisamos ter uma noção de aonde queremos ir para conseguir chegar lá, sabe? Apesar de achar linda essa ideia de "jogar para o universo", acho que nada acontece sem (muita!) preparação, ação e planejamento do nosso lado. O universo, coitado, só consegue ir até certo ponto. Dali para a frente, meu bem, precisamos tomar as rédeas. E, por mais que eu ame as surpresas que acontecem na minha vida, amo ainda mais um bom plano e ter a sensação de conquistar pequenas vitórias — aquelas de que, no fundo, só nós sabemos.

O grande desafio, para mim, é encontrar um balanço entre a parte mais espontânea da vida e a parte que exige preparo. Nem tanto ao céu, nem tanto à terra (no meu caso, definitivamente nem tanto à terra). Talvez não precise tentar planejar e controlar tudo o tempo todo. Talvez possamos aceitar o imprevisível com um pouco mais de graça — ou seja, sem surtar ou sofrer toda vez. Talvez exista mesmo uma parte muito importante em confiar no universo e em todas as suas possibilidades.

Para mim, só conseguimos confiar no universo quando nos sentimos preparadas e passamos a acreditar em nós mesmas. A energia que uma mulher emana no mundo quando sabe do que é capaz é diferente de qualquer outra. Sinto que, se aprendermos a confiar em nós mesmas na mesma medida em que confiamos no universo, é aí que a magia acontece.

Com amor,
Nina.

APRENDENDO
A CAMINHAR

Enquanto eu meio que sempre fui essa pessoa que corria em velocidade máxima para alcançar cada pequena coisa na minha vida, também sempre fui uma mulher altamente ansiosa e exausta 99% do tempo (e quem não é?). Sei que, como mulheres, aprendemos desde cedo que precisamos lutar muito pelo que queremos. Mas, de uns anos para cá, a preocupação com a minha saúde mental aumentou (devido a um burnout, talvez) e eu mudei o meu jeito de ver as coisas. Como não aguentava mais correr, fiz uma grande pausa e agora estou reaprendendo a caminhar no meu próprio ritmo. Mas é possível continuar sendo uma mulher ambiciosa e perseguir os meus sonhos e ao mesmo tempo viver com calma?

Nos últimos anos, percebi que quase todas as coisas que fiz com pressa, estressada ou me sentindo ansiosa não valeram a pena. E, honestamente, quando valem? É claro que tem situações mais difíceis, mas o nosso trabalho diário é garantir que elas sejam mais pontuais do que recorrentes. Que o nosso hábito seja o respeito ao nosso próprio tempo, ao nosso calendário, ao nosso bem-estar e à velocidade com que realmente queremos percorrer a nossa vida.

Eu tenho tentado misturar um pouco as coisas que gosto de fazer com coisas que são mais difíceis ou demandam mais atenção. Não importa se é para ontem, se é a apresentação mais importante da minha vida ou se alguém vai me matar se eu errar: vou fazer com calma. Isso me permitiu criar limites intransponíveis entre o que as pessoas esperam de mim e o que realmente estou disposta a fazer. E, ultimamente, isso quer dizer que vou fazer as coisas no meu ritmo, do meu jeito e me sentindo bem comigo mesma.

De verdade, o processo feito com estresse e ansiedade mata qualquer prazer. E aí, qual é o ponto? Seja um projeto de vida, profissional ou um hobby pequeno que você quer começar. Não sei como consegui levar a minha vida com tanto estresse e ansiedade até aqui (ou como permiti que outras pessoas fizessem isso comigo), mas não tem nada que me deixe mais feliz do que perceber que a rotina que tenho hoje é a coisa mais gostosa do mundo (e não tem nada mais prazeroso que recusar reuniões depois das cinco da tarde).

Acordo, faço minha comida, me arrumo, ligo o computador e passo um dia tranquilo em casa geralmente acompanhada das minhas velas cheirosas e dos meus óleos essenciais de lavanda e laranja doce (um grande privilégio do home office, que melhorou em 200% a minha saúde mental). Para além disso, consigo pensar em poucas coisas que conseguem perfurar essa bolha pessoal que criei em volta de mim mesma. Acho que estabelecer limites claros nos permite curtir o processo e recuperar o controle sobre o nosso próprio tempo e o que fazemos com ele, e isso é muito poderoso.

Preciso dizer que tenho pavor dessa cultura ambiciosa-empreendedora-do-Instagram em que as mulheres se incentivam a trabalhar/postar/vender/criar vinte e quatro horas por dia. Se trabalhar de casa já pode confundir a nossa vida pessoal e profissional (sim, mesmo sendo um grande privilégio), as redes sociais estão aí para triplicar esse problema. Não somos nem precisamos ser máquinas de produtividade. Precisamos entender que o cuidar de nós mesmas precisa ser sempre a nossa prioridade, e que isso não nos impede de sermos mulheres ambiciosas e cheias de sonhos (!!!).

Que possamos entender, mais cedo do que tarde, que a forma como fazemos as pequenas coisas do nosso dia a dia definem as grandes coisas importantes da nossa vida. Que a forma como nos sentimos durante o nosso dia define, sim, quem somos, como nos sentimos e como tratamos as pessoas ao nosso redor. E que, de verdade, não tem status, cargo, projeto ou dinheiro que faça valer a pena abrir mão do prazer de viver a nossa vida com calma. Hoje, ando devagar porque já tive (muita, muita) pressa. E não pretendo voltar a correr.

A grande diferença é que ir com calma nos permite enxergar o espaço entre onde estamos e onde queremos chegar com menos ansiedade e mais alegria. Acho que uma mulher que é capaz de sonhar sem sentir que precisa sofrer para alcançar esses sonhos é capaz de qualquer outra coisa. Ninguém disse que precisamos ser hiperprodutivas, ou trabalhar o dia inteiro, ou fazer mil coisas ao mesmo tempo, ou lotar a nossa agenda, para termos o sucesso que queremos (e merecemos!). Na verdade, acho que esse estado de alerta constante pode matar a nossa espontaneidade e as nossas melhores ideias.

Afinal, as coisas que pertencem a nós estão à nossa espera, só esperando a gente abrir o espaço necessário no nosso coração (e no nosso calendário) para que elas possam entrar. E, quanto mais conectadas com nossas vontades e abertas para o fluxo da vida acontecer, mais naturalmente cada peça vai se encaixando dentro — e fora — da gente. E isso é mágico.

Com amor,
Nina.

O SEQUESTRO PELA AUDIÊNCIA

Se vivemos num mundo onde é possível parecer inteligente, magra, saudável, divertida, autêntica, interessante, desapegada, humilde e intelectual (sim, tudo ao mesmo tempo, afinal, se fizer um esforço, é possível, sim, parecer bonita e intelectual sem parecer chata), por que escolheríamos viver de outra forma? Afinal, se posso me passar por uma versão de mim que seja melhorada, recortando de forma milimetricamente precisa todas as partes de mim que quero esconder, por que me mostraria como sou? Aparentemente, não estamos nos fazendo essa pergunta.

Esse fenômeno, conhecido como sequestro pela audiência, retrata a ideia de substituir quem realmente somos, o que queremos compartilhar ou como realmente nos sentimos para projetar uma imagem que seja a mais bem-vista possível. Ou seja, nossa existência digital é sequestrada e ditada pelo público que nos observa. Aparentemente porque permitimos que isso aconteça (ou até gostamos; afinal, se podemos descobrir o que esperam de nós apenas fazendo caixinhas de perguntas, por que não?).

O problema da caixinha de perguntas é que (1) ela não existe na vida real, e (2), se existisse, seria uma merda. Quem quer saber exatamente o que o outro pensa o tempo todo? Ou corresponder ao que o outro espera de você? Quem quer estar performando cem por cento do tempo? A ideia só parece fazer sentido por estar limitada ao mundo digital, onde podemos fechar o celular e finalmente respirar. Mas o caso aqui é que muitas de nós (culpada!) acabamos performando sem perceber. Ou, se percebemos, nem ligamos mais para isso.

Se o Instagram em 2012 era recheado de pets, *nail arts* e fotos com filtros embaçados (ah, que saudade desses tempos que não voltam!), hoje estamos cercadas de pessoas perfeitas que competem entre si para... parecer ter uma vida melhor? Sem falar nos filtros que se tornaram plásticas e preenchimentos na vida real, nas fotos de biquíni que se tornam distúrbios alimentares, nos relacionamentos falsos que se tornam referência para o mundo inteiro, e por aí vai. Aparentemente, todo mundo resolveu performar dentro desse mundo, que, afinal, nos permite ser uma vitrine de nós mesmas.

Acontece que estamos retroalimentando tão constantemente uma imagem falsa de nós mesmas que acabamos acreditando na nossa própria mentira. Afinal, é muito mais fácil acreditar naquilo que projetamos do que naquilo que de fato somos, ou sentimos, ou vivemos. Mas será que existe um limite para essa distância que criamos entre quem somos e quem parecemos ser? Afinal, já sabemos como isso tudo acaba impactando a nossa saúde mental, a nossa conta bancária, a nossa autoestima, a nossa relação com a comida e com os nossos corpos. Até que ponto a nossa versão digital é apenas uma tentativa de performar, e não um ataque direto (e muito violento) à nossa própria existência?

Não tenho a pretensão de encontrar as soluções para todos os problemas da sociedade enquanto escrevo (ou será que sim? Alô, *Forbes*), mas, enquanto estou expondo a minha opinião sobre a nossa relação com a internet, aqui vai: enquanto ainda vivemos nesse mundo digital e continuamos fazendo parte dessas redes que tanto odiamos porque elas secretamente nos enchem de prazer, talvez o melhor que possamos fazer seja nos apossar de volta da nossa imagem, ou depender menos da imagem que tanto gostamos de ver na tela do nosso celular.

Quer dizer, está tudo bem se já não temos mais aquela barriga seca que tínhamos há três anos quando não havia acontecido a pandemia. Será que precisamos ficar revivendo essa imagem como forma de ataque pessoal enquanto a mantemos estampada no nosso perfil? Como isso nos faz sentir sobre o corpo que realmente temos hoje? E se decidirmos cultivar um corpo que seja de fato possível e que nós consigamos amar, sem pensar se ele merece ou não um destaque no nosso Instagram?

E, para além da aparência física, será que precisamos exalar tanta positividade a cada passo digital que damos para reafirmar a nossa própria contemplação diante da vida? Por que simplesmente não fazemos uma caminhada na grama para realmente contemplar o dia lá fora, mesmo que não tenha ninguém olhando? Será que temos medo de sermos esquecidos ou de não sermos importantes se vivermos apenas na realidade física, onde ninguém vai saber quão felizes estamos? Ou será que estamos simplesmente ficando insuportáveis? Tantas perguntas sem resposta. Esse seria o momento em que a minha psicóloga me interromperia e perguntaria: será que você realmente precisa de respostas para tudo para viver em paz? E eu responderia: sim?

    De qualquer forma, me parece um bom caminho começar aos poucos e tentar nos reapossar de quem realmente somos. Ou ao menos de quem achamos que somos, já que aparentemente todos achamos que somos protagonistas de um filme romântico que criamos na nossa cabeça e que se passa na Itália (apesar de termos feito essa viagem há sete meses e de ela ter durado apenas dez dias). Enfim, encarar a nossa realidade para além da tela do celular pode ser o respiro de que precisamos para olhar para a nossa vida com mais gentileza.

    Diminuir a distância entre a vida que realmente vivemos e o filme em que queríamos viver é parte da nossa jornada de acolhimento. Entender as possibilidades que temos é a única forma de encontrar satisfação no nosso próprio caminho. E me parece que parar de olhar para o lado e de nos compararmos o tempo inteiro é apenas o começo dessa jornada. Apesar de parecer óbvio, é o que estamos fazendo o dia inteiro sem perceber enquanto rolamos a tela do celular.

    Por fim, precisamos lembrar que a vida é linda demais para passarmos por ela com esse sentimento constante de falta. Precisamos olhar para dentro com mais gentileza e lembrar que a nossa imensidão mora dentro, e não fora.

Precisamos parar de dar tanto valor ao que a audiência espera de nós e finalmente nos preocuparmos em entender o que esperamos de nós mesmas.

Com amor,
Nina.

> Por fim, precisamos lembrar que a vida é linda demais para passarmos por ela com esse sentimento constante de falta. Precisamos olhar para dentro com mais gentileza e lembrar que a nossa imensidão mora dentro, e não fora. Precisamos parar de dar tanto valor ao que a audiência espera de nós, e finalmente nos preocuparmos em entender o que esperamos de nós mesmas.

LEVANDO TUDO MUITO A SÉRIO

Sou só eu ou todas as mulheres independentes que decidiram trabalhar estão exaustas e secretamente pensando se não deveriam virar donas de casa? Obviamente não existe resposta certa, mas existe sim uma parte da gente que não consegue deixar de pensar em como seria estar cozinhando uma comidinha gostosa em vez de preencher mais uma planilha do Excel e se sentindo uma farsa do mundo corporativo.

O problema, eu acho, é que a gente se cobra demais pra performar bem em tudo, porque acreditamos que precisamos ser muito independentes e autossuficientes e ótimas e levar tudo muito a sério, até que ficamos sobrecarregadas e pensamos se deveríamos mesmo estar nos esforçando e sofrendo tanto ou apenas encontrar um marido rico que nos permita cuidar do nosso lar. Seria esse um ciclo sem fim?

Como mulheres, desde cedo aprendemos a levar tudo muito a sério — afinal, caso a gente queira crescer na vida e ser alguma coisa neste mundo dominado por homens, não dá para dormir em serviço. Acabamos trabalhando o dobro e ultrapassando os nossos limites, tudo isso para garantir que teremos o nosso próprio sustento e não precisaremos passar aperto ou depender de homem nenhum.

    E foi assim, vivendo nessa dinâmica, que eu nunca encontrei sossego em fazer o mínimo. Nunca consegui ser aquela pessoa que entrega só o que precisa no trabalho e vai para casa mais cedo cozinhar o jantar (e quem tem tempo para cozinhar?). Repare, isso não é uma crítica. Pelo contrário, sempre sonhei ser assim, mas nunca tive a segurança necessária para ter essa paz de espírito, sem sentir essa constante sensação de falta que parece dominar o meu corpo.

    Olhando para trás, desde pequena sou assim. Eu queria ter aproveitado mais a escola, queria ter estudado menos e brincado mais. Queria ter tirado sonecas à tarde, em vez de ir para o quarto adiantar a matéria da prova. Na faculdade, queria ter ido mais a festas, participado dos jogos, feito mais amizades. Por algum motivo, minha cabeça sempre me guiou pela vida em completo modo de sobrevivência. Como se o mais importante fosse a minha própria independência, e nada mais.

    O curioso é que, alguns anos depois, isso não me garantiu nada. Não me entenda mal, eu consegui um bom emprego e tenho uma vida muito confortável. Mas, se eu pudesse ter feito diferente, eu teria sofrido menos. Teria me importado menos com tudo, sabe? Com as notas da escola, com as provas da faculdade, com o trabalho do escritório que poderia ter ficado para o dia seguinte. Queria ter tirado mais sonecas à tarde, ter me dado mais descanso e me preocupado menos. Queria ter aprendido a falhar mais cedo.

Porque agora parece que já é meio tarde. Quando a gente se acostuma a se esforçar muito para ir bem em tudo, a fazer o máximo para ter o controle das coisas, qualquer inconveniente no trabalho já vira um monstro de sete cabeças. Quando as coisas acontecem de forma minimamente diferente do que a gente esperava, perdemos completamente o chão e achamos que não estamos mais seguras e que vamos perder tudo pelo que lutamos.

Como se a gente estivesse sempre em estado de alerta. Como se a qualquer momento fossem descobrir que somos uma farsa e que vamos falhar em tudo o que nos propomos a fazer. Porque crescemos acreditando que precisávamos ser muito boas em tudo para ter o que queríamos, senão não seria o suficiente e acabaríamos sem ter onde morar e sem dinheiro nem para comer, e o mundo iria acabar.

Então, sempre que encontramos algum desafio ou temos momentos difíceis, vem um pouco aquela vontade de abrir mão da nossa carreira para então nos escondermos dentro de casa, onde não podemos falhar. Eu mesma confesso que fico aqui perdida nessa vontade de ser dona de casa, de virar mãe, de cuidar da cozinha, de fazer caminhadas matinais e sucos de laranja com cenoura, em vez de continuar perdendo a minha dignidade num trabalho no qual pareço nunca ser boa o suficiente.

Porque a verdade é que falhar dói, e, quando você é uma mulher que sempre levou tudo muito a sério, essa é meio que uma sensação nova (e horrível) da qual a gente parece estar fugindo o tempo todo. Falhar parece o fim do mundo. Então seria a solução renunciar a uma carreira que pareça possível por medo de continuar falhando para sempre e finalmente ter paz de espírito? Seria melhor achar um marido que pague as contas da casa enquanto você se compromete a ter filhos bonitinhos e a cozinhar comidas diferentes no jantar de terça-feira para ele não te trocar por uma mulher que cozinhe melhor que você?

A ideia de jogar tudo para o ar passa pela nossa mente muito mais vezes do que gostaríamos de admitir, simplesmente porque não estamos acostumadas a sofrer tanto assim. Mas dentro da gente existe uma vontade muito forte de conquistar as mesmas coisas que os homens conquistaram. De ter orgulho do que construímos quando olhamos para trás e vemos tudo que fomos capazes de superar.

Talvez a solução seja não nos cobrarmos ou sofrermos tanto nessa caminhada, a ponto de querermos desistir de tudo o tempo todo (!!!). A ponto de acharmos que somos uma farsa prestes a ser descoberta e que teremos que fugir pela saída dos fundos e nos esconder dentro de casa para sempre. A gente se exige tanto que parece que nenhum esforço jamais será o suficiente para alcançar as nossas próprias expectativas. Porque, em vez disso, não tentamos simplesmente fazer o possível?

Equilibrando os pratos que conseguimos (e queremos), enquanto tiramos sonecas durante a tarde, fazemos pausas no trabalho e deixamos a louça suja na pia de vez em quando. Talvez o que a gente precise mesmo é de descanso para poder continuar perseguindo nossos próprios sonhos, e não desistir porque eles parecem difíceis demais. Se tem algo que outras mulheres já fizeram por nós, foi abrir um pouco mais de espaço para que a gente consiga seguir em frente.

Mas, se tem algo que ainda não nos foi ensinado, foi como não passar a nossa vida sofrendo em busca do que a gente quer. Nos disseram que a gente precisaria levar tudo muito a sério, e foi por isso que aprendemos a sofrer tanto para conquistar o nosso lugar. Mas e se a gente decidir que pode percorrer esses caminhos com calma? E se o que for nosso estiver reservado para nós no futuro, sem que a gente precise se cobrar tanto o tempo todo? Quão bonita é essa ideia?

Talvez não levar tudo tão a sério possa ser a melhor coisa que aconteça na vida de uma mulher. Essa ideia nova e arrebatadora parece ser o respiro de alívio de que precisávamos para seguir em frente. Talvez seja possível fazer apenas o que queremos, sem nos sentirmos obrigadas a sermos ótimas em tudo que nos propomos a fazer. Talvez seja possível viver a vida, em vez de tentar solucioná-la o tempo todo.

Com amor,
Nina.

ABRAÇANDO A MINHA CRIANÇA INTERIOR

Essa semana me peguei pensando em como é importante abrir espaço para a criança que mora dentro da gente. Sinto que passamos muito tempo tentando ser sérias, responsáveis, trabalhadoras. Eu sei, é inevitável. Mas, se não tomarmos cuidado, vamos aos poucos perdendo espaço para aquele nosso lado mais leve, sorridente, engraçado — até inocente —, a ponto de achar que não merecemos passar pela vida com essa leveza toda. Mas será mesmo que precisa ser dessa forma?

Quando eu era mais nova, lembro de me sentir uma adolescente meio infantil perto das minhas amigas. Elas sempre estavam um passo à frente — namorando, falando coisas difíceis, deixando de brincar das mesmas brincadeiras que eu, se arrumando cada vez mais (ou será que eu que ia ficando mais feia na puberdade?). Só sei que a fase entre os doze e os catorze anos não foi fácil para mim. Então, chegou um momento em que decidi também ficar mais velha e parei de fazer as coisas de que gostava porque achava que elas poderiam ser vistas como infantis.

Infelizmente, isso funcionou bem até demais, e uma boa parte da minha vida foi dedicada à tentativa de parecer mais velha do que eu realmente era. Fosse assumindo mais responsabilidades no trabalho ou usando roupas mais sérias, eu me via nesse ciclo sem fim de provar para mim mesma que eu era uma pessoa madura, independente e capaz. Além disso tudo, ainda pareço mais nova do que realmente sou — o que pode até ser uma coisa boa, mas profissionalmente dificulta bastante a vida. Então sempre me vi nesse esforço de agir de uma forma diferente do que eu realmente me sentia.

Alguns anos e alguns burnouts depois, precisei de muita terapia para entender de onde vinha essa necessidade de ser madura/adulta/independente/autossuficiente o tempo inteiro. De onde vinha essa dificuldade de pedir ajuda, de assumir não saber o que fazer, de parecer uma menina nova, de começar as coisas do zero. Em resumo: eu não aguentava mais me ver ficando mais séria, mais carregada de responsabilidades a ponto de me sentir desconectada de mim, meio perdida até. Onde ficou aquele meu outro lado que eu amava tanto?

Hoje faço de tudo para me conectar com o que realmente estou sentindo — seja nas roupas, nas unhas, no cabelo, na forma como me comunico ou como organizo o meu dia. Não tem nada no mundo que eu ame mais do que levar a rotina numa boa, me sentir leve, dar uma boa risada, fazer piadinhas sem graça e me permitir ser boba quando estiver a fim. Acho que finalmente aprendi a me levar menos a sério. A errar, a explorar, a brincar, a dar risada. E isso tem me levado a lugares tão novos.

Começar um novo trabalho não tem mais aquele peso absurdo. Errar já não dói tanto. Não me sinto na obrigação de pegar mais responsabilidades para mim ou de fazer mil coisas ao mesmo tempo. De lotar a minha agenda ou de parecer uma pessoa ocupada. Pelo contrário, sinto cada vez mais que quero ir com calma. Percebi que, afinal, a melhor forma de me conectar comigo mesma é me permitir existir como tenho vontade. E hoje tenho vontade de ser uma pessoa alegre, em paz, otimista, inocente e leve.

Talvez isso tenha me gerado alguns problemas, afinal sou inocente até demais e sempre prefiro acreditar no melhor das pessoas. Obviamente nem sempre acerto e preciso lidar com isso depois, mas certamente escolho enxergar o mundo da forma como eu gostaria que ele fosse. Talvez a melhor saída para lidar com um mundo caótico e acelerado seja nos conectar com a nossa criança interior — e ir com calma, dando risada por onde passamos, espalhando o melhor, compartilhando o que aprendemos e olhando para o futuro com otimismo.

Sinto que, muitas vezes, precisamos criticar, julgar e comparar para nos sentirmos melhores em relação a nós mesmas, e é muito fácil fazer isso quando nos sentimos mais adultas, mais maduras, mais importantes ou mais ocupadas que as outras pessoas — são parâmetros externos e fáceis de provar para o mundo. Mas preciso dizer que ninguém sai ganhando nessa equação, e infelizmente perdemos muito tempo — falo por mim mesma — olhando para os lados, e não para dentro.

O que desejo de verdade é continuar me conectando com todos os meus lados, inclusive os que ainda nem conheço — ou o meu lado mais sério, que também é muito útil. Mas eu espero não esquecer que o meu único dever neste mundo é escolher como vou usar o tempo que tenho aqui. E, se eu sentir que preciso brincar com a vida quando as coisas ficarem sérias demais, que eu sempre me lembre que mora uma criança dentro de mim e ela está sempre à minha disposição, só esperando ser chamada para brincar.

Com amor,
Nina.

SUCESSO, BURNOUT E O SAPO NA PANELA

Teve um dia em que não consegui levantar da cama. Era meados de 2019 e eu estava imersa no trabalho por volta de doze horas por dia. Eu vivia um momento que muitos considerariam de sucesso: promoções, salário aumentando, trabalhando com algo que eu tinha "escolhido". Realmente seria ótimo se eu não tivesse esgotado toda a energia que tinha e não conseguisse mais realizar qualquer mínima tarefa. Como foi que isso aconteceu?

Assim como qualquer *millennial* de vinte e poucos anos, iludida e cheia de brilho nos olhos, me prometeram que eu teria sucesso e realização pessoal e financeira; era só trabalhar bastante e me dedicar. Acontece que, independentemente do tanto que eu trabalhava, era reconhecida e entregava projetos que tinham resultado, eu nunca sentia orgulho de mim mesma. E não era assim que queria viver a minha vida profissional.

No começo eu achava que era porque ainda não tinha feito algo grande ou importante o suficiente, e a sensação de realização só viria depois desse "grande projeto". Esperei, continuei ralando, trabalhando e ultrapassando alguns dos meus limites até realmente me sentir esgotada. E é claro que o inevitável aconteceu: consegui realizar todas essas coisas e, ainda assim, sentia um grande vazio dentro do meu peito.

A conclusão foi óbvia: estava esperando do meu trabalho um senso de realização pessoal que nunca viria, então entendi que deveria focar outras coisas: na minha vida pessoal, na minha saúde, na minha família — e, talvez assim, com mais tempo livre e a saúde mental em dia, ficaria mais claro para mim o que realmente queria da vida. Então, depois de ter começado a impor alguns limites importantes e pensar em projetos pessoais que poderiam de alguma forma me dar mais orgulho, eu achei que estava encontrando a solução.

Acontece que, mais uma vez, tive uma crise que me deixou praticamente um mês inteiro em lágrimas, chorando todos os dias e sem vontade de levantar da cama para trabalhar. Sabe aquela história do sapo que fica na panela fervendo porque se acostuma com a temperatura? Bom, essa é uma coisa com a qual eu realmente não queria me acostumar. Era hora de mudar de emprego.

Em meio a tantas crises, dúvidas e autocrítica, num curto espaço de seis meses a minha vida foi de oito a oitenta. Comecei a ter muito mais tempo livre, realizava o mesmo trabalho em outro lugar e me sentia muito mais feliz. Comecei a ter espaço para planejar projetos, organizar meu casamento, uma mudança de casa e melhorar bastante a minha saúde física e mental. Eu ainda não sabia exatamente o que queria fazer, mas metade do problema já tinha sido resolvido: eu me sentia feliz depois de muito tempo.

Estou escrevendo este texto alguns anos depois. Minha vida mudou completamente e meus planos são bem diferentes do que eu poderia imaginar há dois ou três anos, mas achei importante compartilhar essa experiência porque tenho certeza de que não sou a única pessoa que já se sentiu assim. Que se questiona se está errada, se não é boa o suficiente ou se o problema está dentro, e não fora. E acho que ninguém merece passar por isso.

Posso concluir que o burnout, para mim, foi uma mistura de falta de autoconhecimento (saber impor limites saudáveis na minha relação com o meu trabalho), insistir em coisas e ambientes que eu já sabia que não me faziam bem (ou demorar para perceber isso) e decidir que tipo de "sucesso" eu queria para mim.

Realmente acho que uma crise de burnout nunca é tão simples quanto encontrar culpados ou simplesmente se autorresponsabilizar, mas, se de alguma forma a minha experiência puder ajudar alguém, aqui vai: acho que passamos muito tempo tentando nos encaixar, nos adaptar, nos moldar — a coisas, pessoas e lugares que nem têm a ver com a gente. E que, muitas vezes, nem vão fazer a gente feliz.

Por algum motivo, a gente quer ser o sapo que aguenta a água fervendo na panela. Provar que aguentamos a pressão parece ser mais importante do que o que sentimos enquanto estamos nadando. Mas insistimos mesmo assim, talvez por medo da rejeição ou de não sermos boas ou importantes o suficiente. Talvez seja apenas essa tentativa sem fim de correr atrás do que nos disseram que deveríamos.

Depois de passar por todas essas experiências, decidi que o sucesso no trabalho, para mim, é ser capaz de impor meus próprios limites sempre que necessário, é trabalhar no meu próprio ritmo, é ter orgulho de quem estou me tornando.

Sucesso, para mim, é encontrar a versão de mim de que mais gosto (e não a que pareça mais inteligente, formal ou bem-sucedida). Quero ser a versão que realmente tenha sido ideia minha. Quero a versão real, leve, livre, espontânea e feliz. Quero ser a versão que mais soe como eu — e, certamente, ela não tem burnout.

Com amor,
Nina.

FALTA DE ENERGIA, CHEFES MALAS E AULAS DE CERÂMICA

O utro dia, enquanto invejava todas as pessoas pelo Instagram que aparentemente se mudaram para a Grécia ou para a Itália nas férias enquanto eu trabalhava morrendo de calor embaixo do ar-condicionado, me peguei pensando no tanto de coisa que cabe na nossa vida. Vamos começar do começo. Para além das coisas que precisamos fazer, os boletos que precisamos pagar, o bem-estar que precisamos sentir, a academia que precisamos fazer e as séries que precisamos pôr em dia, com o que a gente fica?

Primeiro, precisamos encaixar um trabalho que pague as contas, se planejamos levar uma vida moralmente correta mesmo se descobrimos que um dos nossos melhores amigos começou a trabalhar com esquema de pirâmide e ganha mais dinheiro do que jamais faríamos na nossa vida inteira. Com esse trabalho, conseguimos encaixar um aluguel para ter um espaço para chamar de nosso no mundo, ou no máximo uma casa que vamos pagar em prestações pelos próximos dez anos sem ter certeza nenhuma de que vamos ter emprego garantido até lá.

Depois, garantimos as compras do mercado e o mínimo básico para uma sobrevivência tranquila numa sociedade capitalista (assinar serviços de streaming para consumir algum conteúdo minimamente interessante ou apenas reality shows sem sentido nenhum, e academia só para falar que nos cuidamos, sim, mesmo se formos apenas uma vez na semana). Esse é um nível de conforto que consideramos aceitável apesar de no fundo sabermos que não é o que imaginávamos para nossa vida só porque temos o que é necessário para sobreviver. E agora?

É aqui que começa o problema. Sabemos que ainda cabe coisa. Sabemos que, para além do trabalho, das obrigações, da colega de trabalho bem resolvida que faz aulas de cerâmica no fim de semana, da chefe que você não aguenta mais e das reuniões que poderiam ter sido um e-mail, existe espaço. Mas não sabemos o que fazer com ele. Afinal, todo o resto já parece demandar demais da nossa energia, da nossa atenção, da motivação de centavos que ultimamente é tudo que temos para oferecer.

Talvez o segredo seja fazer as obrigações de um jeito mais natural, sem gastar tanto a nossa energia e sem nos exigir tanto emocionalmente, enquanto nos dedicamos às coisas que realmente nos fazem felizes. Talvez o segredo seja respeitar a nossa saúde mental, o nosso ritmo e o nosso tempo. Talvez isso fortaleça mais a nossa autoestima para que ela venha de dentro, e não das validações externas que parecemos tanto precisar alcançar por meio do que produzimos.

Juro que acho que teríamos mais energia se pintássemos quadros, escrevêssemos textos, assistíssemos a filmes, jogássemos nossas ideias no mundo, mas não tivéssemos que lidar todos os dias com aquela mala da nossa chefe. Não tenho dúvida de que nos realizamos muito mais com todas essas outras coisas do que com nosso trabalho, mas me pergunto qual a permissão que nos damos para ocupar a nossa vida com elas.

Eu me pergunto o quanto realmente nos respeitamos e nos colocamos em primeiro lugar, a ponto de não nos exaurirmos com cada obrigação que nos propomos a fazer e acabar sem nenhuma energia para realizar qualquer outra atividade por mero prazer, a ponto de não nos preocuparemos apenas com o que precisamos fazer, mas também com o que queremos.

Talvez o segredo esteja em admitir que a vida não precisa ser levada tão a sério, que o trabalho vai continuar lá, mesmo se você não conseguir ser cem por cento todos os dias (ou não quiser), que existe equilíbrio e beleza em nos doarmos para a família, para os filhos, para o amor, para a criatividade, para os próprios sonhos (ou para aulas de cerâmica nos finais de semana) e que, talvez, essa seja a forma mais equilibrada de viver a vida.

Sem muito moralismo ou julgamento, mas com muito espaço para encaixar quantas vidas quisermos. Afinal, em cada vida cabem tantas outras. E isso só depende de nós.

Mas uma coisa é certa: para cada espaço em que se busca a perfeição, em outro se perde energia.

Resta a escolha.

Com amor,
Nina.

> Talvez o segredo esteja em admitir que a vida não precisa ser levada tão a sério, que o trabalho vai continuar lá, mesmo se você não conseguir ser cem por cento todos os dias (ou não quiser), que existe equilíbrio e beleza em nos doarmos para a família, para os filhos, para o amor, para a criatividade, para os próprios sonhos (ou para aulas de cerâmica nos finais de semana) e que, talvez, essa seja a forma mais equilibrada de viver a vida.

OBRIGAÇÕES, PRIMEIRAS VEZES E LISTAS DE TAREFAS INFINITAS

Por ser uma pessoa altamente planejadora, organizar o meu dia, checar tarefas e fazer listas infinitas sempre me ajudou a aterrizar e me tranquilizar. Isso também quer dizer que sempre tive muita dificuldade com tudo que foge do meu planejamento (ou que é espontâneo). Por isso, tenho tentado me desafiar a viver alguns dias sem tarefas e a fazer atividades que eu não tenha feito antes, e descobri que fazer as coisas pela primeira vez (principalmente na vida adulta) tem criado um espaço dentro de mim que eu não conhecia — e percebi que, muitas vezes, eu só ficava no automático repetindo sempre os mesmos hábitos.

Chega um momento na vida adulta em que alcançamos certa "estabilidade" — e aí começamos a achar que não é importante explorar o mundo para além do que já conhecemos, principalmente quando nossa prioridade é pagar os boletos, nos preocupar com o aluguel, a comida, os gastos, o trabalho, e assim por diante. Afinal, conhecer um restaurante novo já é uma grande aventura. E, quando menos esperamos, estamos presas numa rotina, em lugares, ambientes, pessoas e atividades que não têm mais tanta graça — ou que muitas vezes nem gostamos mais de fazer. Ao mesmo tempo é muito estranho, porque parece que desde sempre gostávamos de fazer essas coisas.

Mas aí elas começam a ficar sem graça, a perder um pouco o sentido, a cor, o brilho. Quais eram as coisas que nos excitavam, que nos faziam ficar animadas para acordar no dia seguinte, que davam um friozinho na barriga? Nada impede que tentemos descobrir novas coisas enquanto continuamos fazendo as atividades repetidas (e necessárias) — esse é inclusive um jeito muito bom de explorar e nos conhecer melhor. Quem sabe existe um esporte, uma arte, uma pessoa, um lugar ou uma atividade lá fora só esperando para mudar a nossa vida?

Vi uma frase que dizia que a "medida certa" entre o novo e o velho é não nos prendermos a uma vida pequena de casa, vizinhos, bairro e trabalho, mas também não necessariamente precisamos (ou podemos) viajar o mundo ou nos tornar nômades digitais para ir além do que já conhecemos. Achei isso muito bom porque nos dá a ideia de que o simples fato de inserir novas atividades, lugares ou pessoas na nossa vida já coloca um elemento a mais de exploração. E quem sabe essa seja a melhor forma de expandir nossos horizontes dentro do que nos é possível, sem nos exigir tanto, mas também sem nos acomodar na mesmice.

Então tenho sentido que a chave é que nunca falte essa "coisa a mais". Para trazer uma graça, uma novidade, um friozinho na barriga, para além do trabalho ou da Netflix. Comecei a achar que essas coisinhas bobas que fazemos pela primeira vez têm um grande poder: elas nos permitem crescer, nos conhecer melhor e, quem sabe, nos faz descobrir algo que amamos, podendo virar algo maior no futuro. É um bom jeito de explorar habilidades, dificuldades, desafios, prazeres (!!!). Quando foi a última vez que você fez algo só porque dá prazer? Ou descobriu algo novo de que você nem sabia que gostava?

Nós amamos falar "ah, mas tá tudo bem. Não tem nada de errado com a minha vida. Já sou grata pelo que tenho". Mas será que, para além disso, não deveria ter alguma coisa que realmente te causa excitação, que te dá brilho nos olhos, borboletas no estômago, vontade de pular da cama, que te faça vibrar? Para mim, as primeiras vezes me lembram do tanto de coisa que tem lá fora. Fora da minha bolha, do meu quarto, dos meus medos. Existem coisas que me fazem vibrar. Coisas que colorem a minha vida. Coisas que me fazem sentir viva.

As primeiras vezes são um lembrete para recomeçarmos, tentar de novo, abrir espaço para as coisas que ainda não conhecemos (e são tantas!). Esse é um exercício de coragem, mas também de desapego — afinal, nem tudo vai fazer sentido. Precisamos saber desistir. O que deve sempre continuar é a nossa curiosidade diante da vida, o nosso otimismo diante do desconhecido. Não é esse o objetivo, afinal, irmos criando uma vida que faça cada vez mais sentido? E, à medida que vamos mudando, crescendo, aprendendo e errando, naturalmente vamos querer buscar coisas novas.

As primeiras vezes sempre vão estar lá, esperando por nós. Se dermos sorte, elas podem virar uma paixão que vai ficar com a gente por anos. Podem virar aprendizados ou até nos ensinar quais caminhos não queremos seguir. Podem nos ajudar com uma transição de carreira. Podem nos presentear com um novo hobby. Podem nos apresentar um novo amor. Elas nada mais são do que um lembrete de que tem toda uma vida lá fora esperando pra ser vivida. Um lembrete para não nos acomodarmos, não termos medo de recomeçar, para nos reencontrarmos.

Que esse seja um lembrete para todas nós: a vida não pode ficar chata. A vida não pode se resumir ao que é obrigação. A vida não pode parecer um fardo ou uma lista infinita de tarefas. Precisamos aprender, errar, descobrir, explorar e viver coisas novas. Porque existe o risco de a gente esquecer e passar tempo demais, e a gente se acostumar com uma vida sem graça.

Com amor,
Nina.

TEM COISAS QUE SÓ VÊM COM A IDADE

Prometi a mim mesma que nunca usaria essa frase. Quando era mais nova, pensava que era capaz de acelerar meus processos o suficiente para chegar em qualquer lugar no tempo em que eu quisesse. Quando alguém mais velho me dizia que tem coisas que só vêm com o tempo, ou com a idade, ou com a experiência, era como se alguma parte dentro de mim morresse um pouco. Afinal, me atropelar o tempo inteiro em busca da minha melhor versão era meio que o meu hobby preferido.

Bom, acontece que... tem coisas que só vêm com a idade. Não me entenda mal, não quero soar pedante ou causar decepção se você é uma mulher de vinte e dois anos cheia de brilho nos olhos que acorda às cinco da manhã para o seu trabalho perfeito numa multinacional. Tudo vai continuar dando certo. Acontece que aquela parte aí dentro que grita, dizendo que você precisa saber tudo, ler tudo, conhecer tudo, estar pronta para tudo senão nunca vai ser boa o suficiente, precisa morrer o quanto antes.

Afinal, há coisas que você só descobre quando elas acontecem com você, não tem outro jeito de conhecer sem antes passar por elas. Como quando você acaba se masturbando sem querer pela primeira vez com aquela boia em formato de espaguete enquanto nada na piscina da sua tia. Você leva um susto, mas também é meio gostosinho. Descobrir algo novo que você não esperava aprender, só pela experiência, é uma parte bem legal da vida. Então, por que queremos tanto acelerar o nosso processo de evolução?

Entendo que é difícil errar. Aprendemos desde novas a ter que acertar, a ser perfeitas, a buscar a nossa melhor versão o tempo todo. Também odeio não me sentir preparada para alguma reunião e fico com muita raiva quando descubro na terapia que ainda falta um longo caminho para avançar em determinado processo na minha vida, principalmente se for em alguma área em que eu achava que tudo estava indo bem.

Temos essa constante sensação de falta, de que já deveríamos estar mais na frente, muitas vezes querendo nos sentir mais velhas do que realmente somos. Mas já pensou quão chato seria se nascêssemos prontas para tudo? Não experimentaríamos tantos sentimentos e emoções importantes, como a raiva, a frustração ou o erro. Não aprenderíamos a nos acolher quando mais precisamos. Não navegaríamos por todos os espectros da nossa complexa humanidade.

Venho do futuro e posso dizer: você ainda vai se sentir insegura por algum tempo. Ainda vai ficar ansiosa com situações meio bobas até se acostumar com elas. Você ainda vai se questionar muito, porque o único jeito de construir confiança é passar pelos processos de que precisamos, para só depois perceber que fomos capazes de enfrentá-los. Quando aceleramos demais, corremos o risco de destruir a nossa autoestima. Quando nos colocamos em situações mais avançadas do que deveríamos ou acumulamos responsabilidades demais, nos privamos do tempo e do espaço de que precisamos para crescer. Cortamos o nosso processo pela metade e nos cobramos para alcançar quem já está lá na frente. Acontece que precisamos correr no dobro da velocidade para conseguir fazer isso.

Esses pequenos atos de agressão acabam minando nossa autoestima aos poucos, afinal, como vamos alcançar esse lugar se nem tivemos tempo para construir o caminho para chegar lá? Precisamos ler, aprender, nos acostumar com cada nova etapa da vida, inclusive errando e nos recuperando quando isso acontece. Pela minha experiência, o único caminho possível é passar pelo processo. E isso não é uma coisa ruim.

Não há nada mais gostoso do que alcançar um novo lugar na vida e poder reconhecer que você mereceu chegar lá. Reconhecer que você respeitou o seu tempo, se esforçou, trabalhou, e não que caiu lá de paraquedas sem saber o que fazer. Quando respeitamos os nossos próprios limites e o nosso próprio ritmo, os caminhos que traçamos se tornam mais autênticos e naturais.

E, sim, isso quer dizer que muitas coisas só vêm com a idade. Você até pode continuar tentando se atropelar e acelerar seus próprios processos, mas te prometo que as coisas vão se encaixando naturalmente no seu próprio ritmo, e que você pode respirar enquanto isso. O caminho é bem mais gostoso quando percorrido com calma, descansando quando necessário e, principalmente, respeitando o seu próprio processo.

Com amor,
Nina.

> Venho do futuro e posso dizer: você ainda vai se sentir insegura por algum tempo. Ainda vai ficar ansiosa com situações meio bobas até se acostumar com elas. Você ainda vai se questionar muito, porque o único jeito de construir confiança é passar pelos processos de que precisamos, para só depois perceber que fomos capazes de enfrentá-los. Quando aceleramos demais, corremos o risco de destruir a nossa autoestima. Quando nos colocamos em situações mais avançadas do que deveríamos ou acumulamos responsabilidades demais, nos privamos do tempo e do espaço de que precisamos para crescer.

O PODER
DOS CICLOS

Eu amo ciclos. Amo a ideia de planejamento, evolução e recomeço, a ideia de que existe um conceito universal, que podemos usar para ajudar a guiar a nossa vida. Dias, semanas, meses, fases da lua, ano-novo, acredite no que quiser, mas a ideia de ciclo é universal. Ele serve para nos permitirmos começar do zero, para deixarmos o que não é mais necessário para trás ou para mudar completamente a rota. Acho que é essa ideia de poder recomeçar quantas vezes quisermos que enche meu coração de esperança. Quão bonito é podermos decidir descansar, recarregar e nos renovar a cada ciclo que passa?

O problema é que nos esquecemos de fazer isso. Já parou para pensar de quantas coisas desistimos ou renunciamos em vez de fazer uma pausa para então continuar de onde paramos? Ou, então, quantas coisas deixamos de começar só porque achamos que vai levar tempo demais? Os ciclos estão aí para nos ensinar que o tempo passa de qualquer jeito. Os dias vão continuar tendo vinte e quatro horas, o sol vai continuar se pondo, as semanas vão continuar tendo sete dias e o ano vai continuar tendo doze meses — o que muda é o que fazemos com o nosso tempo.

Podemos olhar para o futuro e pensar: *meu Deus, esse plano de negócios vai levar cinco anos para dar retorno!* Ou então o tempo que vai levar para fazer uma nova faculdade, ou uma mudança de país. Mas quantas vezes realmente paramos para colocar as nossas metas no papel — dia após dia, semana após semana, pensando no que podemos fazer hoje, agora, no presente, para construir todos esses sonhos que parecem mais distantes?

Na minha opinião, é aí que mora a beleza dos ciclos. Eles nos ajudam a aterrizar as possibilidades, a entender o que dá para fazer hoje, amanhã, essa semana, em um mês. Eles nos ajudam a aproveitar o melhor de cada uma das vinte e quatro horas do nosso dia, sabendo o que é possível, e também o que não é — mas sempre olhando para o presente. Na minha experiência, o que não é prioridade hoje vai continuar sem ser prioridade (e no fundo sabemos disso).

No cenário geral das coisas, entender as possibilidades que moram dentro de cada ciclo nos ajuda a concretizar o que é possível, mas também a aliviar nossa consciência em relação ao que não é. Será que realmente dava para terminar aquela lista infinita de tarefas hoje, ou fica mais confortável distribuí-las pela semana? A paz interior que dá quando aceitamos a nossa própria limitação dentro de cada ciclo é reconfortante. Paramos de nos cobrar para correr contra o tempo, e começamos a aproveitá-lo. Conhecer a nós mesmas é, acima de tudo, entender como conseguimos (e queremos) usar o nosso próprio tempo.

Os pequenos passos que damos a cada dia somam um mês inteiro. Cada hora que você investe no seu projeto pessoal depois do trabalho soma um avanço importante na realização dele. É de hora em hora, de dia em dia, que concretizamos sonhos gigantes — por isso os ciclos nos aproximam das nossas conquistas, pois nos permitem compartimentar as nossas próprias possibilidades e expectativas a cada espaço de tempo. Assim, nos permitimos executar e agir, mas também pausar, refazer, renovar e aí sim retomar de onde paramos.

A sensação de recomeço que sinto numa lua nova, no primeiro dia do mês ou no começo de cada estação é algo que me enche de esperança. Porque hoje consigo olhar para cada pedacinho de tempo que tenho com o respeito que ele merece. Afinal, o uso que fazemos do tempo, o nosso maior bem, é um aprendizado necessário. E duro, muito duro. Parte da nossa humanidade está em perceber que nunca teremos tempo para fazer tudo que queremos: todos os livros que queremos ler, lugares que queremos conhecer, experiências que queremos ter, sonhos que queremos realizar.

Entendi que precisamos escolher, compartimentar e planejar com cuidado. E então passamos a nos guiar por cada momento, cada fase, cada ciclo, entendendo o que cada um deles nos permite. Alguns trarão mais liberdade, outros, mais cobranças. Alguns vão pedir mais disciplina, outros, mais flexibilidade. E, assim, vamos aprendendo a enxergar o melhor lado de cada um, sabendo que ele nunca mais vai se repetir. Cada ciclo é único na nossa vida, mas também é repleto de possibilidades, oportunidades, aprendizados, renovação e pequenos grandes passos.

Assim, apesar de nos frustrarmos com a quantidade escassa de tempo que parecemos ter, passamos a dar a ele o seu devido valor. Quando entendemos que nunca seremos ou faremos tudo o que gostaríamos, aprendemos a fazer o melhor com o tempo que temos — e, finalmente, percebemos a imensidão do momento presente. Afinal, como vivemos o nosso dia é como vivemos a nossa vida.

Com amor,
Nina.

QUANTO TEMPO DURA O LUTO?

Temos o hábito de achar que o luto se refere somente às pessoas que vão embora desta vida, mas o luto tem a ver com qualquer coisa que perdemos. Com as pessoas que ficam para trás, com os arrependimentos, com as escolhas que deixamos de fazer, com as decisões que tomamos, mas que acabam tirando uma parte de nós. Afinal, dentro de cada escolha mora também uma perda. Seria então a nossa vida um eterno exercício de deixar ir? E, com todo esse desapego inevitável, como aprendemos a conviver com tamanha tristeza?

    Nós já começamos a vida perdendo: o colo, a infância, a inocência, a pureza, o idealismo. A partir daí, a vida é uma série de perdas, uma atrás da outra — mas a maioria só significa a passagem do tempo, ou então maturidade, evolução, crescimento. Mesmo que a gente insista em querer viver no passado, onde já conhecemos todos os desafios, o futuro se apresenta de qualquer jeito, e ele sempre exige que a gente se despeça do que já passou.

Mesmo que a perda represente alguma decisão que optamos por tomar, ela vem acompanhada do luto. Muitas vezes a gente nem percebe, até surgir um assunto ou conversa que nos toca. Com o tempo, comecei a entender que o luto nos acompanha. Ele é uma parte inevitável da vida, do crescimento, da passagem do tempo. O luto é sobre todas as coisas que já foram e que não são mais. Também é sobre as coisas que queríamos que tivessem sido, mas não foram. O luto é um sentimento traiçoeiro; ele também percorre lugares imaginários.

Eu nunca soube muito bem como conviver com a minha tristeza. Desde pequena, ensinei a mim mesma que o ideal era suprimir essa emoção, que ela seria passageira e que poderia ser substituída por outras. Eterna otimista, olhando o lado bom de tudo, mas, quando as coisas ficavam pesadas demais, eu não conseguia reconhecer o problema, não conseguia entrar em contato com as tristezas que me percorriam. Então entendi que o luto me acompanharia a vida toda. Mas, se o luto é uma tristeza constante, como conviver com ele?

Antes eu achava que estar em paz era não ter problemas, sofrimento, tristeza. Hoje entendi que a paz vai muito além da falta das coisas ruins. Ela mora na aceitação das coisas como elas são. Na aceitação das perdas, causadas por nós mesmas ou pelo outro. A aceitação de tudo que achamos que poderíamos ser, mas que acabou não acontecendo. De todos os cenários imaginários que criamos na nossa cabeça, mas acabaram não se tornando realidade. Aceitar o luto que mora dentro de nós é também aceitar as nossas próprias limitações. O luto por tudo que não fomos, ou que não conseguimos realizar, por tudo que achamos que faríamos de diferente, mas acabamos não fazendo.

É claro que eu sei que ainda temos espaço para realizar muitas coisas, mas isso não quer dizer que o luto acaba. Se o que aconteceu não foi como esperávamos não vamos poder refazer. Só podemos olhar para a frente. O luto permanece, sabe? Não refaz o passado. Aceitar isso pode ser libertador. Aceitar que cada momento é único, presente, real, e que depois ele passa. Mesmo que ele se repita, vai ser diferente de alguma forma.

Há sentimentos que não poderão mais ser compartilhados, conversas que não poderão mais existir, mensagens que não poderão ser trocadas, oportunidades que não vão acontecer mais de uma vez. O luto também percorre os nossos arrependimentos. Mas, com ele, podemos aprender a fazer diferente. Podemos aprender a nos acolher, mesmo sem ter alcançado todas as coisas que achamos que iríamos. Podemos aceitar a nossa versão que existe, em vez de sofrer por aquela que não existiu. Abraçar o luto é um eterno exercício de aceitação.

E parte dessa aceitação é entender que o luto nos engana. Ele nos deixa cegas, apegadas à ideia de que existiam opções melhores, ou de que o melhor passou, ou de que perdemos nossa chance de fazer diferente. Ele nos impede de olhar todas as outras possibilidades do presente, tudo que ainda podemos ser. Por isso, acho que aceitar o luto é aprender a abraçar as perdas como parte da nossa jornada.

Abraçar o luto é nos acolher por inteiro, com todos os nossos erros, falhas e arrependimentos. É lembrar que nossas cicatrizes nos tornam ainda mais fortes. É honrar nossa história, remendar nossos pedaços e recolocá-los de uma outra forma, ainda mais bonita.

Com amor,
Nina.

E SE TUDO DER CERTO?

Confesso que fico surpresa quando as pessoas me perguntam como eu sabia que eu não queria mais trabalhar com Direito, ou como eu sabia que ia dar certo encontrar trabalho quando eu mudasse de país, ou como eu sabia que era isso que eu queria. Precisamos falar sobre essa ilusão que temos de que as outras pessoas sabem o que estão fazendo da vida delas (porque eu mesma não tenho ideia). E, indo além, por que precisamos ter certeza de que as coisas vão dar certo antes de decidir fazê-las? Acho que se eu pensasse assim não teria feito as melhores coisas na minha vida. Então por que temos tanto medo?

Eu decidi estudar Direito antes de fazer dezoito anos — aquela época em que você vive um limbo entre não ser adulta o suficiente, mas já precisar tomar algumas decisões importantes. Eu não me sentia preparada para decidir o que "fazer para o resto da vida" (sinceramente nem lembro de quem eu era com essa idade), imagina quando descobri que não me identificava com o curso. Assim como não me encontrei no Direito, muitas pessoas não se encontram em vários outros cursos. E o que fazemos com isso?

Amo um bom ditado porque cresci com o meu pai usando um ditado diferente para cada situação — e acho que a vida não é o que fazem com a gente, mas sim o que fazemos com o que fazem com a gente. Infelizmente, não temos controle das situações pelas quais vamos passar, só do que vamos fazer com isso. E, sim, foi bem frustrante ficar anos estudando algo que acabei não praticando depois, mas quem disse que foi tempo perdido? Quem disse que não uso esses aprendizados todos os dias da minha vida? E, principalmente, quem disse que "deu errado"?

Acho, inclusive, que temos uma ideia muito errada sobre o que é dar certo ou errado. Em primeiro lugar, porque esses conceitos só vivem na nossa cabeça, e cada um vai ter uma ideia totalmente diferente. Em segundo lugar, porque eles nos paralisam e nos impedem de ir atrás de coisas que ainda não sabemos se queremos. Já pensou nisso? Por que a única opção precisa ser dar certo ou errado? E se a gente explorar possibilidades que até deram certo, mas acabaram não sendo o que a gente queria? Ou se elas derem errado, e for assim que a gente percebe o tanto que a gente queria aquilo?

Para mim, o "dar certo" tem muito mais a ver com a coragem que precisamos ter para encontrar caminhos na direção da nossa própria felicidade. A partir do momento em que fazemos, em que concretizamos algo, aquilo já deu certo, pois já cumpriu o seu papel e já se tornou realidade. Um trabalho que deu errado pode ser o maior acerto da sua vida, pode ter livrado você de uma carreira completamente infeliz. Um namoro que deu errado pode estar encaminhando você para outra pessoa que combine muito mais com você. Sinceramente, não entendo o conceito de dar errado.

Por outro lado, acho que aceitamos com muito mais tranquilidade situações que nos paralisam, mas ficamos nelas porque parecem "certas". Vejo muitas pessoas presas em situações, trabalhos, lugares, relacionamentos que as deixam infelizes porque não acham que merecem coisa melhor, ou porque foi aquilo que disseram que elas deveriam fazer. O conceito de algo "certo" me parece muito mais ameaçador do que de algo errado, porque nos torna refém da opinião coletiva do que achamos que deveríamos fazer, em vez de fazer o que queremos. O erro pelo menos vem da tentativa, da coragem, da exploração, e o mais legal de tudo: o erro sempre nos leva para um lugar em que ainda não tínhamos chegado.

Você pode ter errado, mas agora sabe de alguma coisa que não sabia antes sobre você mesma. É nesse momento que viramos a chave — quanto mais coisas descobrimos sobre nós mesmas, mais ideia temos do que queremos ou não para nossa vida. E como poderíamos descobrir o que queremos sentadas no sofá o dia inteiro sem nem mesmo tentar fazer alguma coisa nova? Como é possível saber se estamos felizes se não conhecemos nada diferente daquilo que já fazemos? Mas continuamos sem tentar. Continuamos no piloto automático porque é isso que conhecemos. Porque é seguro. Porque é isso que nos disseram para fazer a vida toda. Porque a escolha de um curso é uma "escolha para a vida toda". Melhor não tentar nada novo, porque "vai ser difícil", "vai dar errado". Mas será mesmo? O que será que mora do outro lado desse medo todo? E se você não tivesse (aprendido a ter) esse medo, o que faria? Se tivesse cem por cento de certeza de que algo iria dar certo, o que você estaria fazendo?

Com o perdão dos clichês, voltamos ao título deste texto: e se tudo der certo? E se, por um momento, decidirmos parar de ter tanto medo e arriscar fazer as coisas que realmente queremos fazer? Ou, ainda, arriscar fazer coisas que ainda nem sabemos se queremos (um trabalho novo, um hobby, uma mudança de país, um relacionamento)? Por que não nos permitimos fazer nada que ainda não sabemos se queremos? Será que o "dar certo" não pode ser nos deixar fascinar por algo completamente novo, diferente de tudo que já tínhamos feito antes?

Então, hoje, quando me perguntam como tenho certeza de alguma coisa, só enxergo uma resposta possível: não tenho certeza de absolutamente nada nesta vida. Tudo que escolho fazer é pela possibilidade do que vou encontrar, mas não tenho como saber se nunca fiz. A única certeza que tenho é a de que mereço ter a vida que escolher, e isso pode significar o que eu quiser que signifique.

Espero que a gente entenda, mais cedo do que tarde, que a gente merece qualquer coisa que quiser. Que a gente merece tentar até as coisas que não conhecemos. Ou aquelas que parecem mais distantes. Quando a gente tira o medo de dar errado de qualquer decisão, ganhamos muita clareza. E, a partir daí, entendemos que essa pergunta de "e se der errado?" nem importa. Porque o que importa é que a gente faça, que a gente tente, que a gente viva. Isso já é dar certo.

Com amor,
Nina.

FRACASSOS, ENSINO MÉDIO E O PIOR CENÁRIO POSSÍVEL

A palavra "fracasso" é provavelmente uma das que mais odeio na língua portuguesa. À medida que chama a nossa atenção, desperta sensações horríveis de vergonha e lembranças que gostaríamos de esquecer (como aquele dia em que o seu marido passou atrás de você de cueca enquanto você fazia uma videoconferência do trabalho). Então, por que achamos tão importante passar pela vida definindo o que foi um sucesso e o que foi um fracasso? Qual é o parâmetro que usamos para avaliar os acontecimentos da nossa vida? E, no fundo, quanto controle realmente temos sobre eles?

Eu estava correndo na esteira outro dia ouvindo um dos meus podcasts preferidos depois de um dia de muito trabalho (sucesso?) quando, de repente, me lembrei de uma situação horrível que aconteceu e do tamanho da vergonha que senti (fracasso?) — e logo pensei: bom, mas quem define se essa situação deu certo ou não? Muitas vezes, inclusive, quando algo não funciona, acabamos encontrando outra coisa ainda melhor. Então por que essa sensação de fracasso continua presente?

Acho que decidimos se algo deu certo ou não com base na expectativa que tínhamos sobre determinada situação: ou esperávamos que fosse dar certo, mas não deu — ou então nem esperávamos que fosse dar certo, mas deu. Então por que uma delas configura sucesso e a outra fracasso, apesar de as duas terem sido apenas acontecimentos pontuais — que inclusive podem ter o mesmo resultado na nossa vida?

Isso me faz lembrar do nosso sistema de ensino: como crescemos aprendendo a nos avaliar por meio de notas, provas, testes, rankings etc. Particularmente, tive uma experiência bem marcante de classificação por meio de rankings no ensino médio. Além de acabar com a autoestima de quem ia mal, também ensinava uma lição horrível para quem ia bem. De uma forma ou de outra, acabamos aprendendo que o nosso parâmetro de sucesso e a percepção de valor passa a vir de fora, e não de dentro de nós, e isso vira um problema gigante no futuro.

Por outro lado, passamos pouco tempo reconhecendo como somos bons com as artes, com a inteligência emocional, o controle financeiro, a compreensão do nosso cenário político ou, ainda, trabalhando a nossa empatia. É óbvio que esse sistema baseado na lógica e na ideia de "certo e errado" acaba nos atravessando de tal forma que deixamos essas outras coisas tão importantes de lado, para focar no "verdadeiro sucesso", aquele que vai nos levar para um lugar que nem sabemos se queremos. Afinal, teremos tempo para trabalhar nossa empatia quando formos milionários.

Da escola para a frente, isso nos persegue — na faculdade, no estágio, no trabalho —, e continuamos buscando aqueles sinais que nos indicam se estamos indo bem ou mal, se tivemos sucesso ou fracasso, e essa é a fórmula mágica para atrelar completamente o nosso valor pessoal à aprovação alheia e destruir a nossa autoestima. Assim, nos martirizamos quando algum pequeno inconveniente acontece, quando não cumprimos nossas próprias expectativas ou quando achamos que alguém descobriu a farsa que somos porque não temos nosso parâmetro interno fortalecido o suficiente para nos assegurar que está tudo bem.

Com o tempo (e um pouco de terapia) entendemos, como adultos, que o nosso valor não pode ser definido por uma situação tão pontual, ou nem mesmo por uma série de situações, mesmo que elas aconteçam diferentemente do que esperávamos. Precisamos aprender a rir disso, assim como precisamos aprender a não nos levar tão a sério. Será que alguém realmente vai descobrir sobre aquela entrevista de emprego horrível que você fez dois meses atrás ou o dia em que fez xixi nas calças no meio do metrô? Provavelmente não.

Mas é isso: a vergonha. É com ela que precisamos lidar. É com ela que dormimos à noite. Mas se pararmos para pensar, é até engraçado: vergonha de quê? Afinal, só nós realmente conhecemos os nossos "fracassos", por mais públicos que sejam, então e daí? Do que temos tanta vergonha? Seja ela uma grande rejeição ou só um pequeno erro, crescemos, seguimos em frente e vamos para lugares ainda melhores do que sonhávamos — e a vida continua.

Amo um jogo chamado "pior cenário", e jogo ele com o meu marido toda vez que ficamos muito preocupados com alguma situação. Na noite anterior ao nosso casamento eu estava com muito medo de não conseguir ler os meus votos em voz alta e falei: "Bom, o pior cenário possível é eu realmente gaguejar durante toda a leitura, e acho que posso sobreviver a isso". Perceber que não era tão ruim quanto eu pensava me acalmou. Que bom, porque foi exatamente o que aconteceu. Além de ser uma história perfeita e de os vídeos serem ótimos, hoje rimos juntos toda vez quando nos lembramos desse dia.

O que quero dizer é que a vida é curta demais para nos levarmos tão a sério, e ela pode ser muito mais leve quando aprendemos a rir de nós mesmas. Quando olhamos para quem éramos há cinco anos, ou dois anos, e lembramos que achávamos que sabíamos de tudo, e na verdade não sabíamos de nada. Quando passamos por uma situação vergonhosa que depois vira uma ótima história. Mas, principalmente, quando aprendemos a transformar essa vergonha em um simples aprendizado, e nada mais do que isso. Sem tanto peso, sem tanta autocobrança.

É claro que não quero simplificar toda situação de vergonha que tenha sido mais grave ou impactante, mas nenhuma de nós deveria se deixar definir pelos nossos erros, mas sim pelo que nos permitimos fazer depois deles. É importante tratar e entender os nossos machucados, seja na terapia ou sozinhas — mas depois disso é preciso aceitar e seguir em frente.

E, por fim, espero que a gente consiga rir de nós mesmas quando for o melhor que pudermos fazer. E, acredite, muitas vezes não tem muito o que a gente possa fazer além disso. O dia continua tendo vinte e quatro horas, o mundo continua girando, e podemos continuar fingindo que nada aconteceu. Nada nos fortalece mais do que rir e ter consciência dos nossos próprios deslizes — uma hora realmente paramos de nos importar e seguimos em frente.

Com amor,
Nina.

BLOGUEIRAS FITNESS, EQUILÍBRIO E O PESO IDEAL

O ano era 2013, e as blogueiras fitness de barrigas chapadas começaram a invadir o nosso Instagram (que, até então, era um oásis perfeito habitado por fotos das nossas tias de segundo grau e filhotes de cachorro). Por um momento, até pensamos que elas seriam inspirações motivacionais, mas, dali para a frente, tudo mudou. Se é que já existiram mulheres satisfeitas com os seus corpos, arrisco dizer que as redes sociais atuaram como forças invisíveis que conspiraram para que mulher nenhuma conseguisse mais viver em paz.

Se a nossa relação com a comida já é, desde sempre, um assunto muito delicado, imagina quando começamos a ser incentivadas a comer menos, a pensar mais sobre as calorias, a entender os efeitos que cada alimento específico tem sobre os músculos do nosso corpo e a evitar que as gorduras fiquem localizadas na nossa barriga. Isso começou a ocupar um espaço muito maior do que deveria na nossa mente.

O discurso sempre começa com o autocuidado, com a saúde, com o bem-estar, mas, no fundo, sabemos que o efeito é quase o oposto. Criamos uma competição de corpos perfeitos, biquínis levantados e poses pensadas para as fotos de praia no Ano-Novo. Clichê, eu sei. Mas por que estou falando tudo isso? Porque isso muda a nossa concepção sobre o nosso próprio corpo. De um jeito ou de outro, isso nos faz nos olharmos com um pouco mais de decepção, de cobrança, de exigência, de crítica.

Isso tudo nos faz pensar sobre o que poderíamos estar fazendo para ter um corpo melhor, para ter um peso melhor, para ter uma barriga melhor, para ter o peso *ideal*. O peso ideal, para mim, foi aquele peso que alcancei uns quatro anos atrás quando me matei de fazer dietas, exercícios e corridas diárias na tentativa de ficar do menor tamanho que eu poderia a ponto de passar mal de fome enquanto dirigia e ter que parar sozinha no meio da estrada para vomitar.

O peso ideal, para mim, foi aquele que eu tinha entre os catorze e os dezessete anos, quando podia comer qualquer coisa e não me exercitar. Quando meu metabolismo era da velocidade da luz, e eu achava que, se fosse gastar dinheiro para comer fora, que fosse com um hambúrguer suculento e não com uma salada sem graça. O peso ideal, para mim, sempre foi menor do que eu jamais tive. E isso é forte demais.

De uns tempos para cá, tenho tentado melhorar a minha relação com a comida. O meu foco é me nutrir, me sentir saudável, me sentir bem comigo mesma, e cada dia isso quer dizer uma coisa diferente. Tem dias em que eu realmente tenho vontade de comer salada, porque sei que isso vai fazer bem para o meu corpo. Em outros dias quero pratos maiores, porque preciso de mais energia. E em outros ainda quero pizza, porque sei que equilíbrio também é importante.

Eu tenho tentado cuidar melhor de mim. Eu tenho procurado um equilíbrio, me restringido menos, e isso quer dizer que também tenho menos episódios de compulsão. Não porque não posso, mas porque já entendi que não é disso que meu corpo precisa. É importante entendermos que os hábitos ruins são criados por nós mesmas, e só nós podemos acabar com eles. Mas também é importante entendermos (se possível, com ajuda da terapia) o que está por trás da nossa relação com a comida e o nosso corpo.

Não é fácil encontrar um equilíbrio, se é que ele existe. Não é fácil entender que alimentação é, antes de tudo, uma forma de nos nutrir, e não uma forma de buscar prazer ou alívio. Não é fácil fazer as pazes com o nosso corpo, principalmente quando ele é diferente dos padrões ou do que gostaríamos que ele fosse. Mas é uma jornada, e a gente tem a força necessária para passar por ela. Um passo de cada vez, um aprendizado de cada vez.

Que possamos passar menos tempo calculando calorias e mais tempo celebrando tudo que o nosso corpo é capaz de fazer. É ele que nos movimenta, nos acolhe, nos aquece. É ele que nos permite gerar nossos filhos, se quisermos. É ele que nos permite fazer esportes, caminhar pelo mundo, dançar pela vida.

E, finalmente, que o nosso peso ideal seja aquele que conseguimos ter. E isso quer dizer uma coisa totalmente diferente em cada fase da nossa vida. Que seja o peso que a gente consiga manter — quando está bem, ou quando não está, quando está feliz, ou quando não está — sem tanto esforço ou cobrança excessiva. Não me entenda mal, é claro que é importante buscar ser saudável, mas é preciso também lembrar que nenhum excesso é bom.

Enfim, que a gente continue buscando nosso equilíbrio. Que a gente acompanhe nas redes sociais as pessoas que (realmente) nos inspiram. Que a gente faça as pazes com os nossos próprios hábitos. No fim do dia, só a gente sabe o que nos faz bem. Mas torço para que a gente não precise viver nos restringindo ou ultrapassando os nossos limites. Torço para que a gente tenha uma vida de celebração, e não de falta. E, finalmente, torço para que a gente encontre paz na nossa própria imperfeição.

Com amor,
Nina.

QUAIS SÃO OS SEUS SONHOS?

Algumas coisas acontecem na vida de uma mulher sem ela perceber. De uma hora para outra, você começa a usar calcinhas largas e beges, doces de pistache se tornam os seus preferidos e você escolhe suas roupas com base no nível de conforto que elas oferecem. Tudo que você quer numa sexta à noite é se deitar no sofá, ler um bom livro, ver um filme e no máximo abrir um vinho — se estiver se sentindo ousada o suficiente (quem sabe até pedir uma comida tailandesa de um lugar que você nem conhece!).

Mas, para além das mudanças invisíveis de vontades, de humor e da crescente necessidade de viver deitada no sofá, você também se pega pensando em quais eram os seus sonhos um pouco antes disso. Sabe? Uns anos antes. De agora. Sei lá. Quando você tinha mais energia. Quando era mais otimista. Quando achava que ia ser uma artista famosa. Ou dona da floricultura do seu bairro. Ou abrir um salão de beleza. Sei lá, qualquer coisa. Para onde foram esses sonhos? Será que eles também sumiram sem você perceber?

Precisamos admitir que os sonhos de criança podem ser bem irreais, e também que eles se transformam ao longo da vida, ganham mais cor, ou mais realidade. Muitas vezes pensamos que eles se tornaram inviáveis, ou simplesmente passamos a acreditar que não temos o que é necessário para alcançá-los, que já é tarde demais e até mesmo que não merecemos realizá-los. Será mesmo que tudo que somos capazes de fazer é pagar uns boletos, pedir comida e aparentemente estar sempre tentando emagrecer uns quilos?

Veja bem, a gente precisa trabalhar sim. E eu acho inclusive que o trabalho nos torna úteis, nos movimenta, nos permite conseguir nosso sustento. Mas eu também acho que somos muito mais do que só aquilo que "dá trabalho". Temos toda uma força criativa, expressiva, esperando para sair de nós e reluzir no mundo de fora. Temos um universo inteiro dentro da gente, só que, de vez em quando, nos esquecemos da nossa força. Nós nos esquecemos do tanto de coisa que somos capazes de fazer.

Às vezes, ver um amigo ou alguém próximo correndo atrás dos seus sonhos acende um fogo de volta na gente, faz a gente perceber como é possível. A inveja costuma nos lembrar das sensações que tocam a nossa alma, mas será que precisamos mesmo sentir inveja ou raiva para começar alguma coisa que importa tanto?

O que quero dizer é que já há coisas demais que passam pela nossa vida sem percebermos. Coisas que se vão, se perdem, se afastam, se transformam. Coisas que fazemos só porque precisamos. Mas os nossos sonhos não podem ser assim. Os nossos sonhos precisam ir além da ideia de ter uma vida confortável, de querer apenas o básico, de ficar no sofá assistindo televisão. Porque, dessa forma, perdemos o nosso brilho. Perdemos aquela força que deveria estar pulsando dentro da gente. Quando não nos abastecemos, não nos nutrimos daquilo que realmente nos excita, perdemos também um pouco de vida.

Não podemos confundir conforto com realização. Principalmente nós, mulheres, que parecemos ter que nos esforçar tanto para conseguir o nosso próprio sustento, tanto mesmo que obter a nossa independência financeira pode parecer a realização de um sonho. Mas trabalhar, provar nosso valor, colocar comida na mesa, é mera utilidade. Eu me pergunto se os homens também se sentem tão realizados assim apenas por terem um trabalho que paga as contas. E me pergunto quantas mulheres também têm se permitido sonhar em escalar montanhas, abrir negócios, liderar empresas ou viajar o mundo sozinhas.

Vale lembrar, mais uma vez, que o trabalho é, sim, importante, mas, se você me disser que o seu sonho realmente era trabalhar todos os dias fazendo cálculos numa planilha de Excel, vou ter as minhas dúvidas. Estou tentando apenas ir além da nossa utilidade para o mundo, ou até para nós mesmas. Fico aqui tentando alcançar o que tem guardado um pouco mais fundo dentro de nós. Sinceramente, fico me perguntando o que me faria acordar realmente excitada, animada e com brilho nos olhos (café da manhã de hotel não conta). Realmente penso que são perguntas que precisamos nos fazer.

Liste os seus sonhos num papel. Tente se lembrar das coisas que movimentam você, que importam, que dão brilho nos olhos ou frio na barriga. Pense no que a faria sentir orgulho de si mesma. As respostas costumam não estar nas coisas que todo mundo gosta de fazer (comer, ver televisão, viajar), e sim nas pequenas coisas que, no fundo, você sabe que são só suas. Tome posse das suas habilidades, mas principalmente das suas vontades e dos seus desejos. Pense principalmente nas coisas bobas, naquelas que podem parecer pequenas aos olhos de outra pessoa, por que essas costumam ser as melhores.

E, por fim: sonho não é meta, não é coisa de gente grande, não é coisa para os outros. Sonho é para a alma, para a nossa criança de dentro, para a nossa voz interior. Nossos sonhos só pertencem a nós e, por isso, são a coisa mais preciosa do mundo. E nós precisamos acreditar que eles merecem ser alcançados. E vale lembrar que, se não sonhamos, a vida passa mesmo assim.

Com amor,
Nina.

"

E, por fim: sonho não é meta, não é coisa de gente grande, não é coisa para os outros. Sonho é para a alma, para a nossa criança de dentro, para a nossa voz interior. Nossos sonhos só pertencem a nós e, por isso, são a coisa mais preciosa do mundo. E nós precisamos acreditar que nossos sonhos merecem ser alcançados. E vale lembrar que, se não sonhamos, a vida passa mesmo assim.

"

PARA ONDE FOI MINHA AMBIÇÃO?

Quando eu era mais nova, costumava fazer planos para tudo. Estudos, provas, viagens, conhecer o mundo, trabalhar, um passo depois do outro. A minha vida era uma agenda minuciosa cheia de detalhes vivos. Eu tinha certeza de que ia virar artista, abrir um salão de beleza, ter três empresas diferentes, uma ONG, ganhar na loteria, gostar de comer salada e ficar bonita de franja. Tudo antes dos vinte e seis anos. Eu tinha certeza de que ia trabalhar até tarde, só usar roupas que combinam, não falar mal de ninguém, saber minha coloração pessoal, ir ao dentista a cada seis meses e malhar todos os dias.

Só que, com o tempo, esse tanto de cobrança doida me deu de presente um burnout lá pelos vinte e cinco anos, algo de que não tenho orgulho, mas falo repetidamente porque abriu os meus olhos para tantas coisas e acho que serve de aprendizado para outras pessoas também. Eu precisava de limites. Eu corria contra o tempo em direção a uma chegada que eu nem sabia onde era. Eu dormia mal, não respirava direito e em determinada ocasião um tufo inteiro do meu cabelo caiu. Sim, um tufo do meu cabelo. Eu usava salto pra trabalhar. Sério. Eu era literalmente capaz de qualquer coisa. Bom, menos de me acolher.

Então eu fui vivendo e fazendo terapia, e acabei descobrindo que na verdade existia outra pessoa habitando o meu corpo e tomando as decisões por mim. (Ahá! A culpa não era minha!) Uma pessoa que fazia planos megalomaníacos, cronogramas impossíveis, estava sempre de unha feita e usava roupas chiques. Essa pessoa estava me deixando exausta. Foi então que decidi abrir mais espaço para viver, para ser eu mesma, para deixar as coisas acontecerem em seu ritmo natural. Encontrei tempo para ficar sem fazer nada, para cuidar de mim, para descansar, para assistir ao reality show das Kardashians sem me sentir um lixo. Encontrei formas de me aceitar, me acolher, me respeitar, e fui aprendendo a viver a vida no meu próprio ritmo.

Foi então que uma coisa muito estranha aconteceu. A minha ambição morreu. Tal qual um passe de mágica, eu não queria mais saber de nada. Entendi que grande parte das coisas que eu achava que queria fazer era ideia das outras pessoas. Entendi que os meus grandes planos eram na verdade grandes roteiros que não tinham sido escritos por mim, e eu não tinha aprendido a escrever uma vida que fosse ideia minha. Quando entendi que não precisava ser nada, que não precisava provar nada para ninguém, todas essas ideias grandiosas que eu tinha na cabeça perderam o sentido.

E agora? Eu tinha certeza de que meu auge já tinha passado, que eu não era mais uma garotinha jovem cheia de sonhos inocentes e energia para desperdiçar por aí. Eu não queria mais usar todo o meu tempo trabalhando, correndo atrás de mais. Sinceramente, eu só queria ficar em casa cuidando do meu cachorro e hidratando o cabelo. Eu não tinha nenhum plano mirabolante para seguir, e não queria ter. Pela primeira vez em muito tempo, eu me senti em paz. Aprendi a dizer não para as coisas que não queria fazer, e aprendi a dizer sim para todo o resto. Aprendi a viver no meu próprio ritmo. Aprendi a me valorizar para além da minha própria produtividade.

Todas essas coisas foram conquistas gigantes para mim. Elas não queriam dizer que eu estava perdendo a ambição, e sim que eu estava aprendendo a percorrer a vida do meu próprio jeito. Como essa sensação de tranquilidade era algo novo, fiquei com medo de estar perdendo o brilho, a energia, a excitação — mas, na verdade, foi ali que comecei a me reencontrar. Foi abrindo o espaço necessário para percorrer a minha própria existência com calma que comecei a descobrir quem eu realmente queria ser. Entendi que precisava, antes de sair correndo por aí, sentir orgulho de quem eu estava me tornando.

Foi só então que me vi capaz de sonhar com o resto da minha vida. Sem pressa, sem estar de olhos fechados, sem precisar provar nada para ninguém. Inclusive, sem precisar ter planos. É verdade que as vontades nos levam para a frente, mas é verdade também que, quando percorremos caminhos sem entender o porquê, não saímos do lugar. Às vezes ainda me parece estranho. Parece que falta algo para preencher esse vazio dentro de mim. Mas, na maior parte do tempo, consigo conviver com ele. Consigo entender que já sou tudo que preciso ser. Que as ambições não me definem, e que a falta delas não me toma nada.

Quanto ao futuro, tenho pensado no que quero encaixar no tempo que (acho que) ainda tenho. Mas, em vez de metas, tenho sonhado com o que pode me divertir, me fazer rir, me fazer dançar pela vida. Não vamos nos enganar, precisamos trabalhar, pagar conta, arcar com as responsabilidades. Mas tenho trocado o que os outros esperam de mim pelo que espero de mim mesma. E eu espero ser feliz. Espero dançar sempre que possível. Espero rir muito. Espero sempre lembrar de agradecer. Espero ter coragem. A minha ambição é viver a vida.

Com amor,
Nina.

"

É verdade que as vontades nos levam para a frente, mas é verdade também que, quando percorremos caminhos sem entender o porquê, não saímos do lugar. Às vezes ainda me parece estranho. Parece que falta algo para complementar esse vazio dentro de mim, mas, na maior parte do tempo, consigo conviver com ele, pois consigo entender que já sou tudo o que preciso ser. Que as ambições não me definem, e que a falta delas não me toma nada.

"

ANO NOVO, VIDA NOVA?

Estamos em 2023 e parte de mim prometeu fazer exercício todos os dias, mas outra parte marcou uma aula de *spinning* no domingo às nove e meia da manhã e não conseguiu acordar (de novo). Parte de mim quer dominar o mundo, acordar às seis, trabalhar muito e abrir uma empresa, mas outra parte quer apenas acordar com calma e passear com o cachorro e acha isso mais que suficiente, principalmente se conseguir passar por mais um dia de trabalho sem xingar ninguém.

Estamos em 2023 e parte de mim quer ser promovida, dar o seu melhor, provar a que veio num país novo mesmo se sentindo muito diferente de todo mundo, e a outra parte está simplesmente orgulhosa por dar o seu melhor quando conseguir, mesmo que isso signifique fechar o computador às cinco da tarde e ir fazer pilates porque equilíbrio é mais importante que trabalho. Parte de mim quer sair mais para se divertir, dançar e aproveitar a vida, mas a outra quer ficar em casa lendo um livro e bebendo chá porque depois dos vinte e oito a ressaca já não é mais a mesma, além de não querer acordar inchada e mal-humorada no dia seguinte.

Estamos em 2023 e parte de mim está animada, ansiosa e excitada para tudo que está por vir, e a outra parte está com medo, preguiça, raiva e vontade de ficar no sofá o dia inteiro em vez de correr atrás de metas de ano-novo. Parte de mim quer se reinventar, mudar o cabelo, comprar roupa nova e acreditar que é capaz de tudo se fizer um pouco mais a cada dia, mas a outra no fundo acha que tudo vai ser igual ao ano passado, só que agora pretende se cuidar um pouco mais, se preocupar menos e comer melhor.

Estamos em 2023 e tudo isso é verdade porque somos feitas de tantas partes e isso é muito confuso e assustador, mas também é tão lindo poder sentir todas essas coisas ao mesmo tempo. Desejo um ano mais humano e sincero e que possamos acolher as nossas partes sem ter vergonha ou culpa ou medo, mas sim lembrar que somos tudo ao mesmo tempo e que isso é bonito demais.

Com amor,
Nina.

EU JÁ SOU O SUFICIENTE

Outro dia me meti numa aula de teatro. Nunca tinha feito e pensei "por que não?", mas logo me arrependi quando percebi que a minha personalidade extrovertida tinha tomado conta do meu corpo, e que isso significaria me apresentar na frente de várias pessoas a cada aula. Numa dessas apresentações, enquanto eu tentava lembrar o texto que decorei e atuar na frente de todo mundo, a professora deve ter percebido a minha tensão. Ela olhou nos meus olhos e calmamente falou: "Nina, você já é o suficiente". Pausa dramática. Quê? Como ela, que mal me conhecia, tinha conseguido me ler com tanta facilidade? Logo eu, uma adulta madura, independente, capaz de fazer tudo sozinha? É claro que eu era suficiente. Não era?

A gente cresce aprendendo a sentir falta. Muitas vezes, quando pequenas, a nossa validação depende das nossas notas, de ir bem na escola, de se comportar bem, de não falar alto, de não fazer bagunça. A educação que damos às crianças é a própria lógica da falta (principalmente a das mulheres). É uma dinâmica de limitação, de restringir o que já se é, de buscar aquilo que ainda não se teve tempo de construir, e essa busca é o que dá orgulho aos nossos pais, é o que nos faz receber amor. Muitas vezes crescemos com essa ideia de que, para sermos amadas, precisamos corresponder a todas essas expectativas. Precisamos obedecer. Fazer o que é correto. Parece até que não somos o suficiente como já somos, precisamos sempre ser... mais.

Então crescemos e aprendemos a viver nessa dinâmica. A gente sempre precisa estudar mais, se dedicar mais, trabalhar mais, ganhar mais, ser mais independente, mais autêntica, mais madura, mais mulher, mais isso, mais aquilo. Essa busca não acaba, na verdade ela se torna tão natural que chegamos a um ponto em que deixamos de percebê-la, então nos acostumamos com a sensação de ter que fazer o que é esperado, o que é certo. Essa sensação de que o acerto é recompensado e de que o erro é punido é muito forte.

Essa foi outra coisa que aprendi no teatro e achei muito bonita. Ali, o erro faz parte da peça. Ele está lá, já aconteceu, e você precisa aprender a lidar com ele. Você não consegue escondê-lo, porque todo mundo já viu. Diferentemente da vida, em que nos desdobramos tanto para esconder quando erramos. Por que não aprendemos a conviver com os nossos erros em vez de escondê-los? O que de tão ruim pode acontecer quando descobrirem as nossas falhas?

Bom, achamos que ficaremos sem amor. Existe uma criança dentro da gente que sempre vai carregar essa memória. E ela tem certeza de que você precisa ser o seu melhor o tempo inteiro, senão algo muito ruim vai acontecer. Ela quer te proteger. Ela tem certeza de que você precisa sempre se esforçar muito, estudar muito, trabalhar muito, malhar muito, estar muito bonita, fazer sempre o seu melhor, até se exaurir. Quem sabe, então, você seja o suficiente. Mas, mesmo com todo esse cansaço, parecemos nunca chegar lá. E estamos exaustas.

    Acontece que viver assim é pesado demais, e precisamos entender que temos o que é necessário para conversar com essa criança e explicar para ela que somos o suficiente. E que não precisamos mais provar nada para ninguém além de nós mesmas, que o outro não importa tanto assim, que estamos seguras, que merecemos amor e podemos construir a imagem que temos de nós mesmas. Mas essa construção precisa começar dentro de nós, senão o nosso parâmetro sempre vai estar fora.

    E quando o nosso parâmetro está fora, não somos capazes de enxergar a nossa beleza por nós mesmas. Não conseguimos impor nossos limites. Não conseguimos viver a nossa vida sem depender da permissão do outro. Não conseguimos nos enxergar para além do que o outro vê em nós. Não conseguimos nos valorizar para além da nossa utilidade. Não conseguimos nos amar por inteiro. Não conseguimos nos acolher. Não nos sentimos suficientes.

    É muito difícil nos sentirmos suficientes de verdade quando não fortalecemos a nossa autoestima. Em algum lugar dentro da gente mora um medo da rejeição, do abandono, da solidão. E talvez esses sentimentos caminhem com a gente por toda a vida. Mas precisamos começar de dentro. Precisamos entender que já nascemos com o suficiente, mesmo quando sentimos que não demos o nosso melhor. Mesmo quando nem queremos dar o nosso melhor. Mesmo quando não fizemos o que queríamos ter feito. Ou não fomos o que queríamos ter sido. Somos o suficiente até mesmo quando gaguejamos nos apresentando em público na aula de teatro.

Nós somos o suficiente mesmo quando erramos, mesmo quando nos arrependemos, mesmo quando temos vergonha. Nós somos o suficiente. E não podemos deixar que ninguém nos faça sentir diferente disso. Principalmente nós mesmas.

Com amor,
Nina.

> Essa foi outra coisa que aprendi no teatro e achei muito bonita. Ali, o erro faz parte da peça. Ele está lá, já aconteceu, e você precisa aprender a lidar com ele. Você não consegue escondê-lo, porque todo mundo já viu. Diferentemente da vida, em que nos desdobramos tanto para esconder quando erramos. Por que não aprendemos a conviver com os nossos erros em vez de escondê-los? O que de tão ruim pode acontecer quando descobrirem as nossas falhas?

TALVEZ EU NÃO PRECISE SER A MELHOR EM TUDO

Essa conclusão óbvia, porém bastante autocrítica, partiu de uma reflexão mais comum do que eu gostaria de admitir enquanto me olhava no espelho. Mal acordei e já pensei "meu Deus, que coisa horrível". Minha pele completamente ressecada, meu cabelo desgrenhado, minhas olheiras delatando meu cansaço maior que o habitual, minhas sobrancelhas gritando para serem feitas. Seria isso culpa das mulheres perfeitas que habitam a tela do meu celular sem a minha permissão? Então, depois de criar uma série de ideias destruidoras com vida própria, finalmente respirei e pensei: calma, acho que está tudo bem.

Tudo começa quando você está no útero. Você já é sonhada como a garota perfeita desde a imaginação da sua mãe, que visualizou você como uma linda menina inteligente, sorridente e delicada. Você nasce, passa a sua infância e adolescência sendo exposta a todos os níveis de competição toxicamente impregnados no universo feminino — desde quem se veste melhor (como a sua amiga de sete anos usa um look combinando diferente todos os dias? E, sim, isso inclui uma boina rosa) até quem é a mais inteligente e tira as melhores notas. A escritora Elena Ferrante já nos ensinou que somos melhores do que isso.

A mulher cresce aprendendo a antecipar e aprimorar todas as suas necessidades, como descobrir sozinha que precisa depilar as pernas antes que a sua melhor amiga comece a rir delas na sétima série enquanto imita um macaco (e depois chorar escondida no banheiro). É de imaginar que, por volta dos vinte e dois anos, já esperam que ela esteja sempre bonita, cheirosa, com o trabalho em dia, exercícios físicos diários (e também um pouco de ioga para mostrar que não é surtada), as finanças organizadas, a louça lavada e a casa arrumada (sua casa própria, claro) — e o pior de tudo: bem-humorada. Carismática até.

O nível de estresse emocional que se deposita na esperada perfeição feminina acaba transformando a nossa vida, se não estivermos atentas, em um grande palco competitivo em relação a todas as coisas possíveis. Não se engane: muitas vezes, a competição é com nós mesmas (vou trabalhar mais do que trabalhei ontem, vou escrever mais do que na semana passada, vou me alimentar melhor esta semana, vou escutar mais podcast, vou ficar menos tempo no celular, vou ser mais autêntica) e — ufa! — fico cansada só de ler. Mas, em resumo, não paramos de nos cobrar. O que é completamente compreensível, uma vez que foi isso que aprendemos a fazer.

Então lá pelos vinte e cinco anos, começamos a ter crises de burnout — estamos exaustas, choramos escondidas no banheiro, trabalhamos com coisas de que não gostamos, suportamos homens que gritam "foguete não tem ré" no nosso trabalho e não temos tempo nem para lavar o cabelo. O que aconteceu aqui? Compramos a mentira de que precisamos estar constantemente competindo com nós mesmas e que precisamos ao menos tentar ser as melhores em tudo o que fazemos (e nem precisamos gostar do que fazemos). E isso é exaustivo. Como podemos nos sentir bem conosco quando tudo que aprendemos foi a nos sentir mal — a não ser que fôssemos perfeitas?

Então fazemos terapia para desconstruir todas essas ideias, e é libertador entender que não precisamos ser as melhores em tudo, como também podemos nem querer isso. Podemos apenas querer um trabalho bacana que não acabe lentamente com a nossa alma e nos permita ir para casa cedo descansar e pedir comida japonesa à noite enquanto assistimos a Netflix. Podemos realizar nossos projetos em silêncio, sem implorar por atenção, aprovação, aceitação ou prêmios Forbes antes dos trinta por qualquer coisa que vamos fazer. Podemos, inclusive, ter projetos menos importantes que resolver a desigualdade social ou a fome mundial. É pedir demais?

Enfim, podemos só existir sem lutar pela perfeição o tempo todo. Podemos só ser quem somos, sem toda a maquiagem, o vocabulário inteligente, a conversa agradável ou o tom de voz delicado. Sem precisarmos ser muito boas em tudo o que nos arriscamos a fazer. Podemos inclusive ser ruins nas coisas que fazemos, só porque gostamos delas (!!!). E quem sabe assim a nossa saúde mental ganha um respiro — e os nossos projetos (aqueles de que realmente gostamos) ganham espaço para existir no mundo lá fora — sem tanta cobrança, insegurança e autocrítica.

Quando entendemos que a perfeição feminina é uma ideia criada propositalmente por uma sociedade patriarcal para nos limitar, começamos a criar coragem para arriscar ser quem sempre quisemos ser. Finalmente, uma existência sincera, imperfeita e sem constantes cobranças começa a parecer algo realmente importante (e possível), e começamos a visualizar aquela mulher que queríamos ser antes de ela parecer apenas um sonho distante demais.

Por fim, me parece que não ser a melhor em tudo é a melhor coisa que pode acontecer a uma mulher que precisa recuperar o fôlego. Descobrimos que podemos só existir sem tentar nos superar o tempo todo, e essa ideia completamente inovadora toma conta da nossa vida como uma avalanche. É aí então que nos damos uma chance e descobrimos que podemos ser qualquer coisa que quisermos.

Com amor,
Nina.

> Enfim, podemos só existir sem lutar pela perfeição o tempo todo. Podemos só ser quem somos, sem toda a maquiagem, o vocabulário inteligente, a conversa agradável ou o tom de voz delicado. Sem precisarmos ser muito boas em tudo o que nos arriscamos a fazer. Podemos inclusive ser ruins nas coisas que fazemos e continuar só porque gostamos delas, e quem sabe assim a nossa saúde mental ganha um respiro — e os nossos projetos (aqueles de que realmente gostamos) ganham espaço para existir no mundo lá fora sem tanta cobrança, insegurança e autocrítica.

É O FIM DO MUNDO?

Quando somos mais novas, achamos que tudo é o fim do mundo. Achamos que colocar aparelho nos dentes é o fim do mundo, achamos que menstruar é o fim do mundo, achamos que não ser correspondida no amor é o fim do mundo, achamos que ir mal na escola é o fim do mundo, achamos que terminar com o namorado é o fim do mundo, e por aí vai. Sem querer desmerecer qualquer sofrimento, o que quero dizer é que costumamos catastrofizar cada evento da nossa vida, achando que o mundo vai acabar.

Quando eu tinha doze anos achava que ir mal na escola era o fim do mundo. E, acredite ou não, ir mal na escola para mim era tirar qualquer nota abaixo de oito. Tinha certeza de que cada nota que eu tirava ia definir todo o resto da minha vida. Então fazia o meu melhor todos os dias, estudava o máximo que conseguia para ter certeza que meu futuro estaria garantido.

Quando eu tinha dezessete anos, achava que terminar com o meu namorado era o fim do mundo, que nunca mais ia amar ninguém e tudo seria horrível para sempre e eu seria rejeitada por todos os homens do planeta.

Quando eu tinha vinte e dois anos, achava que perceber que me formar num curso que não amava e querer mudar de profissão era o fim do mundo, que nunca mais ia me encontrar em nenhuma área e seria uma vergonha eterna para a minha família.

Quando eu tinha vinte e quatro anos, achava que não ir bem no meu trabalho era o fim do mundo, e qualquer erro que cometesse ia acabar com a minha carreira e com todas as possibilidades de sucesso.

Quando eu tinha vinte e seis anos, achava que não conseguir empreender e sair da CLT era o fim do mundo, porque isso significava que tinha aberto mão de todos os meus sonhos e estaria presa para sempre na temida zona de conforto.

Não sei se está óbvio, mas com vinte e oito anos ainda acho que várias coisas são o fim do mundo. Algo me diz que elas não são. O engraçado é que vamos ficando mais velhas e, em vez de ficar mais leves e despreocupadas, só passamos a nos preocupar com coisas diferentes (mas continuamos achando que elas são o fim do mundo). O que muda é que começamos a achar que não vamos mais ter tempo de fazer o que queríamos. Algo como: "agora que não fiz, não dá mais".

Começamos a achar que não vamos mais mudar de carreira, que não vamos mais conseguir ter o emprego dos nossos sonhos, que o nosso auge já passou. Afinal, deixamos de empreender, deixamos de nos arriscar, deixamos disso, deixamos daquilo. Colecionamos cenários imaginários que não vivemos, medos de não conseguir mais viver.

Acontece que ainda temos a vida toda pela frente, assim como quando tínhamos doze, dezessete, vinte e dois ou vinte e seis. É claro que nunca vamos conseguir fazer, viver ou realizar tudo que gostaríamos. O nosso tempo aqui é limitado, mas, quanto mais experiência temos, mais fácil fica perceber que nada é o fim do mundo, que tudo passa, tudo muda, e a vida continua.

E, mais do que nunca, começamos a entender que o pior cenário na nossa cabeça, em geral, é uma coisa completamente normal. Ninguém liga se mudarmos de carreira (de novo), se começarmos um novo curso na faculdade ou se decidirmos largar tudo. Ninguém liga se nos demitirmos, se nos divorciarmos, ou se decidirmos viajar o mundo. Ninguém liga se pintamos o cabelo, se erramos, se passamos vergonha, se voltamos atrás.

Sinceramente, nada é o fim do mundo. Porque fim só tem um, e ele vai chegar de qualquer jeito. Até lá, gosto de pensar que só existem começos. Que cada dia é uma nova possibilidade, e que cada recomeço é uma nova vida que se inicia. É claro que passamos por muitas coisas, coisas que achávamos que seriam o fim do mundo. E por um momento parece que o nosso mundo realmente acaba.

Mas é aí que mora a beleza: nossa humanidade está em sentir tudo ao mesmo tempo. Em saber que vamos sorrir, vamos chorar, vamos achar que tudo acabou. Vamos celebrar, vamos nos arrepender, vamos sentir raiva, vamos gritar, vamos recomeçar. Essa imensidão me emociona. Me faz pensar que, a cada vez que pensei que o meu mundo ia acabar, a vida só estava se reorganizando de um jeito ainda mais bonito.

Entender que vamos viver tudo, sentir tudo, vivenciar cada emoção, cada parte da nossa humanidade, é libertador.

Entender que não temos o menor controle sobre quando ou como cada uma dessas coisas vai acontecer é libertador. Entender que nada é o fim do mundo é libertador. Nunca vamos estar prontas para o que vem em seguida, e isso é bonito demais.

Com amor,
Nina.

ACOLHENDO A MULHER QUE NÃO SOU

Me perdoem os bem-intencionados, mas tenho pavor dessa ideia de ter que ser a nossa melhor versão todos os dias. Entendo, é possível dar o nosso melhor, claro que sim, mas onde sobra espaço para só existirmos naqueles dias em que toda a energia que temos é para fazer o mínimo no trabalho, lavar o cabelo e pedir comida? Não quero desmotivar ninguém, pelo contrário; acho que a disciplina pode fazer muito por uma pessoa, mas acho também que existe um discurso tóxico que se normalizou em tempos de redes sociais de que precisamos sempre dar o nosso melhor.

Eu realmente gostaria de ser uma dessas mulheres que acordam cheias de energia e positividade, tomam um suco verde antes de ir para a academia, fazem faxina na cozinha e ainda tomam banho (tudo antes das nove) sem ter ao menos uma crise existencial ou se perguntar por que arrumar o cabelo hoje se vai estar feio amanhã, mas no fundo se sentem culpadas porque nem deveriam se preocupar tanto assim com a sua aparência.

Então, se não a nossa melhor versão, o que acho que temos que ser? Ora, o que quisermos. O que estivermos dispostas, o que conseguirmos. O problema para mim com toda essa questão é que, quando focamos tanto em dar o nosso melhor, esquecemos do que realmente queremos fazer. Sabe aquela ideia de sempre fazer o máximo, mas nunca sentir que fizemos o suficiente? Pois é. É porque estamos só dando o melhor, o tempo todo, e geralmente para os outros, ou para conquistar coisas, para chegar a lugares, para alcançar metas, mas muitas vezes nem sabemos se é lá que queremos estar.

Será que a meta da nossa vida realmente deveria ser entrar na lista da Forbes antes dos trinta anos por qualquer motivo aleatório mesmo que não tenhamos ideia de qual seja ele? Espero que não. Mas, afinal, por que sentimos que precisamos de prêmios para conseguir celebrar quem somos? Nesse culto à otimização constante, aprendemos desde muito cedo a ser produtivas, a ser úteis, a ser rápidas, a ser um monte de coisa, mas nem sempre aprendemos a entender o que queremos ser.

Eu passei muito tempo vivendo no ritmo dos outros, nessa tentativa de ser a melhor possível todos os dias. Não vou mentir, realmente consegui chegar a lugares em que eu sonhava (ou achava que sonhava?) chegar, mas isso também me custou a minha saúde, a minha paz, a minha autoestima e, no ano de 2018, um tufo do meu cabelo. Dar o nosso melhor todos os dias, a longo prazo, pode ter efeitos muito maiores (e piores) do que imaginávamos.

A ideia de entregar tudo que temos parte do princípio de que o nosso melhor está fora. Então fica a pergunta: o melhor para quem? O melhor para a empresa, para o namorado, para a mãe, para o chefe. Mas e o que achamos que é melhor? O que realmente queremos fazer com o nosso tempo? Em que ritmo realmente queremos viver? Será que deveria ser tão importante assim corresponder a essa expectativa externa?

Quando, em vez disso, conseguimos deslocar o nosso valor do que fazemos para o que somos, a nossa perspectiva muda. Passamos a perceber as pessoas que nos valorizam para além do que entregamos, para além do que produzimos, para além das partes que doamos e para além da nossa utilidade. E quem sobra? Aquelas pessoas que realmente nos enxergam por quem nós somos, e não por quem conseguimos ser, não pela nossa performance.

É aí que entra o acolhimento. Quando entendemos que não precisamos ser o que os outros esperam para sermos amadas, para sermos boas, para sermos o suficiente, quando nos acolhemos por quem realmente somos, começa a ficar mais claro o que queremos ser. O nosso valor passa a ser definido por nós mesmas e começamos a ser mais sinceras, mais autênticas, mais vulneráveis. Quando paramos de performar, nos permitimos ser amadas por quem realmente somos.

É muito triste estar num relacionamento em que sabemos que precisamos performar para sermos amadas, e isso inclui o nosso relacionamento com nós mesmas. Afinal, não nos cobramos produtividade e performance grande parte do tempo? Estabelecemos listas de tarefas infinitas e nos culpamos quando não conseguimos cumpri-las? O maior presente que podemos nos dar, em qualquer momento da nossa vida, é acolher aquilo que não somos, aquilo que não cumprimos, que não conseguimos, que não entregamos.

Por último, é possível também acolher aquilo que não fomos capazes de ser. Sim, no passado. No fundo sabemos que existem sonhos, planos, ideias que tínhamos quando éramos mais jovens e acabamos não alcançando, ou ao menos não na época da nossa vida em que esperávamos. Está tudo bem se não tivermos conquistado um milhão de reais antes dos trinta anos, ou construído uma família, ou ficado famosas, ou comprado uma casa, ou entrado na lista da Forbes (fiquei cansada só de ler). Afinal, ainda conta fazer algo legal depois dos trinta? Parece que sim.

Aonde quero chegar com tudo isso? Ninguém liga para sua idade, ou para suas conquistas, ou para você. Então por que insistimos em viver a vida nos culpando por tudo aquilo que deixamos de fazer, em vez de reconhecer e celebrar tantas outras coisas que conquistamos? Essa é uma pergunta importante. Realmente acho que nos sentirmos satisfeitas só é possível quando nos permitimos olhar para dentro de maneira mais gentil. Quando filtramos a nossa própria crítica, quando conseguimos parar de olhar para o lado e focamos nos nossos próprios passos. Um de cada vez.

Para mim, acolher a mulher que não sou tem mais a ver com me permitir celebrar conquistas pequenas (como aquela vez que dei um sorriso educado para minha chefe em vez de fazer uma careta), seguir firme nos meus próprios planos e sonhos (pequenos ou grandes) e aceitar as minhas próprias limitações (em vez de me atropelar o tempo inteiro).

A vida é curta demais para nos olharmos sob uma perspectiva de falta, em vez de celebrar a imensidão daquilo que já somos. Acho mesmo que quando nos olhamos com mais compreensão e gentileza criamos um terreno muito fértil para viver, criar e existir como quisermos.

Com amor,
Nina.

O CAMINHO DE VOLTA PARA CASA

Sempre me perguntei o que é preciso fazer para voltar para casa. Para voltar para aquela nossa versão, de quando éramos crianças, de quem éramos antes de decidir que precisávamos ser alguma coisa diferente disso. Acho que o que quero dizer é que sabemos, no fundo da nossa alma, que existe uma parte nossa que simplesmente fica para trás. Com o tempo, os erros, os medos e as cicatrizes que ganhamos ao longo da vida. E o que quero saber é como a gente faz para resgatar essa criança dentro da gente, essa facilidade de rir da vida, essa leveza para encarar o mundo. Para onde vai a nossa versão que vive o que quer, e não o que acha que deve? E como fazemos para trazê-la de volta?

Na escola, eu me lembro de ser aquela criança que observava antes de qualquer outra coisa. Antes de tomar a primeira atitude, de pegar um brinquedo ou de começar a desenhar, eu observava o que os outros estavam fazendo. Não sei de onde tirei isso, mas já nasci buscando modelos. Para seguir, para admirar, para copiar. Parte de mim me diz que isso veio da sensação de que eu mesma não era o suficiente — não para decidir o que fazer com o meu próprio tempo, sem nem ao menos observar ao meu redor para ter alguma, quem sabe, inspiração. Aos oito anos eu já morria de medo de errar, de não ser tão boa quanto as outras crianças, e foi assim que comecei uma competição infinita comigo mesma.

Aos poucos, fui deixando de lado as atividades que eu fazia por prazer e comecei a focar naquelas que fazia pelos resultados. Observando o que as pessoas que eu admirava faziam, liam, estudavam, viviam. Foi assim que criei a ideia de que eu precisava chegar a lugares extraordinários e que precisaria ralar muito para chegar lá. Também foi assim que acabei deixando de lado todas as coisas que eu realmente gostava de fazer e as troquei pelas coisas de que eu achava que deveria gostar, porque eram essas de que valiam a pena. É claro que em algum momento a conta chegou: a exaustão, a desconexão comigo mesma, as crises de ansiedade. O que é que eu estava fazendo com a minha vida?

Não sei como começou, mas simplesmente transformei a minha vida numa lista de tarefas infinitas. Estava sempre exausta, correndo atrás de mais, sentindo que faltava algo. Estava sempre estudando, trabalhando, lendo, criando — tudo ao mesmo tempo. Sempre correndo. Mas, quando a gente corre porque nos mandaram fazer isso, uma hora percebemos que não existe linha de chegada. Porque não fomos nós que definimos aonde queríamos chegar. Então o que nos resta é pausar, respirar e dar três passos para trás. Para onde vamos agora?

Para mim, o caminho de volta para casa é um caminho sempre para dentro da gente. É uma busca pelo que se perdeu. No fundo, a gente sabe o que foi que a gente parou de fazer, os lugares que paramos de frequentar, os hobbies que deixamos de lado "por falta de tempo". No fundo, sentimos falta das coisas mais simples que nos faziam sorrir, que deixavam a vida mais leve. No fundo, sabemos que geralmente são coisas que agora temos vergonha de fazer, por causa do que os outros vão pensar. São esses os tesouros que moram no fundo da nossa alma, e são exatamente eles que precisamos resgatar. Precisamos nos resgatar.

A gente acha que vai ter todo o tempo do mundo, mas de um dia para o outro, descobre que não tem. A gente percebe que o tempo na verdade passa bem mais rápido do que a gente pensava, e que os anos voam, e que corre o risco de tudo continuar igual se a gente não ficar atenta. E, como diz o meu irmão, camarão que dorme a onda leva. Nós nos distanciamos demais de nós mesmas e acabamos nos acostumando com essa nossa nova versão — castrada, adaptada, limitada, com medo, com vergonha. A gente acha que não existe um caminho de volta pra casa. Mas, no fundo mesmo, a gente sabe que existe — e que isso só depende da gente. Porque dá medo demais admitir que erramos no meio do caminho, que nos perdemos e que agora parece tarde para voltar atrás.

A boa notícia é que não existe tarde demais. Essa é uma ideia que inventamos para nos convencer de que está tudo bem ficar paralisado no mesmo lugar. Existem pessoas que passam a vida escondidas dentro das armaduras que criaram para si mesmas. E, olha, não existe tragédia maior que uma vida vivida para os outros. Não existe armadura que nos proteja da tristeza de não ter tido a coragem de ser quem a gente é. E, ah, não existe alegria mais pura do que nos apossarmos de quem somos. Não existe leveza mais genuína do que existir como gostaríamos. E que a gente possa, não tarde demais, mas cedo o suficiente, se despir de todo esse medo. Que a gente possa, finalmente, se voltar para dentro, e não para fora. E encontrar o nosso próprio caminho de volta para casa.

Com amor,
Nina.

CRIANDO UMA VIDA QUE SEJA IDEIA MINHA

Uma das grandes decisões que tomei na minha vida foi quando decidi que não iria trabalhar com Direito, mesmo depois de ter passado cinco anos estudando para isso. É claro que eu não tinha ideia do que me aguardava do outro lado dessa decisão, apenas a confiança de que uma carreira que combinava mais comigo esperava por mim, no futuro, apenas aguardando que eu tivesse coragem de ir atrás dela.

Hoje, trabalhando na área de marketing em uma empresa em que nunca sonhei trabalhar, posso dizer que foi uma das melhores decisões que tomei — ou talvez só ache isso porque as coisas acabaram se encaixando. Mas, para além do resultado, essa experiência me permitiu ter muito mais coragem nas decisões seguintes que tomei na minha vida.

Ela me fez enxergar que o mundo não acaba quando me arrisco a começar do zero, quando me dou a chance de errar e quando busco por uma vida que faça mais sentido para mim. Isso abriu o meu horizonte — e talvez tenha criado uma curiosidade (maior do que eu gostaria de admitir) em relação a todas as outras decisões que eu poderia tomar e todos os universos paralelos possíveis apenas esperando a minha coragem para existir.

Dali para a frente, fui tomando coragem e acabei mudando de cidade, de emprego, de relacionamento, de país, e por aí vai. Afinal, passar pelo processo nos lembra do que somos capazes e nos ajuda a fortalecer a nossa autoestima. Mas eu também percebi que *abrir-espaço-para-coisas-que-fazem--mais-sentido* acaba nos deixando num limbo de ansiedade existencial — em que não podemos nem contar mais com a estabilidade das coisas que deixamos para trás (apesar de não as querermos mais), mas ainda não conseguimos tocar o que está no futuro (e não temos nenhuma garantia de que um dia vamos conseguir).

O problema é que queremos tudo para ontem: queremos começar acertando, ganhando, encontrando todas as respostas de uma vez. E não conseguimos ver a beleza que mora na incerteza. Mas, ironicamente, é a incerteza que nos permite enxergar todas as possibilidades que existem por aí — e flertar com cada uma delas — antes que elas fiquem para trás, depois que encontramos as respostas que acreditamos tanto amar.

A ironia nisso tudo para mim é que, mesmo quando criamos coragem para tomar decisões que fazem mais sentido, não nos damos o tempo necessário para aprender a navegar essa transformação. Acontece que esses são os momentos em que mais precisamos ser gentis com nós mesmas, nos dar espaço e tempo para nos adaptar, recomeçar e reaprender.

Admito que ver a beleza na transformação nunca foi o meu forte — o meu forte sempre foi ficar desesperada quando sinto que nada está dando certo, ter a absoluta certeza de que fiz as escolhas erradas, que joguei oportunidades fora, que me desviei do caminho que era para ser seguido. Meu forte é duvidar de mim mesma o tempo *inteiro* enquanto penso se todas as outras pessoas já perceberam que sou uma grande impostora ou se ainda tenho tempo para fugir.

Pode parecer até engraçado, mas durante o dia isso se parece muito mais com uma eterna crise de ansiedade, uma constante falta de ar e listas de tarefas infinitas — tudo na tentativa de correr o mais rápido possível para encontrar as respostas de que pareço desesperadamente precisar. Em vez disso, por que não consigo simplesmente pausar e reconhecer que ainda não sei o que quero fazer com a minha vida? Por que tanto medo de conviver com a incerteza?

Acho que, quando buscamos tantas respostas em nome do autoconhecimento e tentamos experimentar outras possibilidades, uma hora ou outra percebemos que ainda falta muito caminho para percorrer. E isso é assustador. Mas talvez, entre as minhas lágrimas, inseguranças e medos, eu tenha acabado entendendo que a incerteza sempre vai ser uma grande protagonista na minha vida — e eu preciso aprender a abraçá-la.

Porque, de todas as coisas, a única certeza que tenho é que, quando eu me encontrar em uma situação de que não goste, vou fazer de tudo para me retirar dela. E isso já é grande demais. Acho que, todas as vezes que olhei a minha vida e pensei "eita, acho que não é por aqui", eu me levantei da cadeira e fui embora. E demorei tempo demais para entender o quanto isso é grandioso. Uma mulher que tem a coragem de perseguir uma vida que faz sentido para ela é capaz de qualquer outra coisa.

Porque a gente passa tempo demais tentando viver uma vida que não é nossa. Não é de surpreender que em muitos momentos a nossa vida não faça sentido para nós mesmas. Talvez porque tenhamos aprendido cedo demais a confundir a aprovação dos outros com a nossa própria. Talvez tenhamos nos esquecido das nossas partes que precisam sentir frio na barriga e vibrar de emoção, e chorar de alegria, e dançar ao som da nossa própria música. Talvez isso esteja ocupando muito menos espaço na nossa vida do que deveria.

Então, quando me pego ansiosa, insegura, com medo de errar ou de recomeçar, penso em todas as possibilidades que tenho nas minhas mãos para fazer da minha vida uma história bonita. Talvez esse tanto de possibilidade só exista não pela minha coragem (muitas vezes inexistente), mas pelo tanto de coragem que foi necessária de todas as mulheres que vieram antes de mim, que não puderam enxergar além das histórias que foram criadas para elas.

Então hoje, quando me pergunto o que estou fazendo, gosto de pensar que estou criando uma vida que seja ideia minha. Mesmo que eu ainda não possa enxergá-la. Mesmo quando não acredito em mim, ou quando sinto medo, ou quando ainda não sei o que vem pela frente. Eu sigo em frente mesmo assim. E, talvez, essa seja a coisa mais inspiradora que eu possa fazer.

Com amor,
Nina.

Esta obra foi composta em Gelo 11 pt e impressa em
papel Polen Natural 80 g/m² pela gráfica Meta.